Counter Culture

Lo Que hay que saber sober el servicio

Joshua Farrell

COUNTER CULTURE: Lo Que Hay Que Saber Sobre el Servicio

Copyright © 2023 por Joshua Farrell

Todos los derechos reservados. Ninguna parte de este libro puede ser reproducida o transmitida de ninguna forma o por ningún medio, electrónico o mecánico, incluyendo fotocopias, grabaciones o cualquier medio futuro de reproducción de texto, sin el permiso por escrito del editor. El editor no tiene ningún control y no asume ninguna responsabilidad en relación con sitios web, aplicaciones o contenidos autorales o de terceros.

Publicado en los Estados Unidos por Schellville, Inc.

Email de contacto: info@schellvillepublishing.com

ISBN: 978-0-9899345-3-4

Editado por Elizabeth Bagby

Tradocido por Antonio Padilla Esteban

Diseño de cubierta: Christo Downs

"He aprendido que la gente va a olvidarse de lo que dijiste, también de lo que hiciste, pero nunca va a olvidar cómo lograste que se sintieran".

Maya Angelou

Contents

INTRODUCCIÓN	1
PARTE 1	13
1. Tipos de servicio tras una barra	15
Comida rápida, cafeterías, comida informal rápida	
2. Un Trabajo Maravilloso	21
The Swiss, compaginación con estudios, pequeños extras	
3. Estar preparado	29
Educado, puntual y presentable	
4. Una Vez Contrato	39
Una visión general de lo que se puede esperar	
5. Sizzler	51
el primer restaurante Fast-Casual	
6. Cómo destacar en el trabajo	55
Desafíos personales, saber lo que vende y dirigirse a las personas por su nombre	
7. Conseguir que la gente vuelva	63
Establecer una conexión y hacer que los huéspedes regresen	
8. Aprender de nuestros errores	69
La importancia de la doble comprobación y de notificar todo lo que pasa	
PARTE 2	75

9. Jaymie Lao 77
   Ex director de Café Experience - Go Get 'Em Tiger

10. Leer a las personas 83
    Prestar atención a la comunicación no verbal

11. Erik Oberholtzer 87
    Fundador- Tender Greens

12. Comentarios y crítica constructiva 91
    Dar y recibir comentarios constructivos con empleados, gerentes e invitados

13. Jo Galvan 97
    Ganadora del Premio Ray Kroc - Gerente de McDonald's

14. Haz que signifique algo 103
    Encontrar significado y motivación en tu trabajo

15. Sean Pramuk 107
    Anterior propietario – Food Shed Take Away

16. Kim Prince 111
    Fundadora/Propietaria Hotville Chicken

17. Para llevar / Para recoger 117
    Comportamiento al teléfono, conductores de entrega y cómo causar buena impresión en tan solo diez segundos

18. Brad Kent 121
    Cofundador de Blaze Pizza

19. El reseteado 125
    Tómate un respiro, descansa, todo es cuestión de adaptarse y ajustarse

20. Melissa Karaff 129
    Gerente de Distrito - Starbucks

21. Adiós 135
    Terminar la experiencia del huésped con fuerza

22.	Thom Crosby	139
	Presidente – Pal's Sudden Service	
23.	Denise Rodriguez	145
	Profesional de la hospitalidad - Nueva York	
24.	Mi jefe/mi amigo	149
	Manejarse con los cambios de roles y amistades	
25.	Charles Babinski	153
	Cofundador - Go Get Em Tiger	
26.	Seguridad	157
	Tomarse el tiempo necesario para prestar atención a la seguridad	
27.	Vivian Ku	161
	Chef/Propietaria – Pine and Crane, Joy	
28.	Omar Anani	165
	Chef/Restaurador – Saffron De Twah, The Twisted Mitten Food Truck	
29.	Cambio de aires	171
	Saber cuándo irse	
30.	Ken Schiller	175
	Presidente de K&N Management	
31.	Abuso y toxicidad	179
	Entornos de trabajo insalubres	
32.	Maggie Castaneda	185
	Socia directora - Don Pedro Carnitas	
33.	Gary Chau	189
	Cofundador de Caffe Luxxe	
Después		197
Cómo ser contratado		199
Cómo pasar a la acción		209

Glosario de palabras	211
Índice	225
Sobre el autor	231
Agradecimientos	233

INTRODUCCIÓN

Una cosa que me encantaba de crecer en un pueblo pequeño era que cuando ibas a la tienda casi siempre tenías una interacción, en lugar de una simple transacción, con las personas que trabajaban en ella. Crecí acostumbrado a que la gente en el mostrador de la tienda de comestibles Safeway, de The Bagel Shop o de la ferretería Pinelli me mirase a los ojos y preguntase con sinceridad: "¿Cómo estás?". O que me saludaran diciendo: "Buenos días". Un breve momento, una sonrisa o una palabra amable. Y si aún no conocía a la persona, así fue como llegué a conocerla. Los recordaba, tenía una sensación agradable asociada a la persona. Un sentimiento que bastaba para diferenciarla del resto.

Doy por sentado que hay personas en tu vida, fuera del trabajo, que son especiales para ti por la forma en que se relacionan contigo. Ese tipo de participación es lo que los hace destacar. Una tía favorita, un amigo de toda la vida, un maestro increíble o un entrenador deportivo. Cuando te encuentras con ellos, interactúan contigo, te saludan, recuerdan algo sobre ti y se nota que están contentos de verte. Te hacen sentir bien. Conectado. Es posible que confíes en ellos más que en los demás o que sepas que puedes depender de ellos en ciertas situaciones. Esa conexión y confianza son la clave precisa de la hostelería.

La hospitalidad

Entre las definiciones de la palabra hostelería se cuenta "la recepción y el entretenimiento amable y generoso de huéspedes, visitantes o extraños". En este sentido, la hostelería tiene mucho que ver con la hospitalidad, si no es lo mismo. Quizá has escogido leer este libro porque tienes la sensación de que el servicio de barra propio del sector de la hostelería es diferente a otros tipos de servicio de mostrador. Ese servicio de barra propio de los establecimientos que dan de comer y de beber, que forman parte de la industria de la hospitalidad, es algo más que una transacción banal en la tienda de la esquina, el consultorio médico o la sucursal del banco. Hoy mismo puedes hacer la prueba, cuando estés en una fila, al observar la interacción que tiene lugar delante de tus ojos en un mostrador. En cualquier parte. Fíjate bien. Te sorprenderá comprobar que no todos los lugares son iguales. No todos los empleados situados tras un mostrador se toman el tiempo necesario para interactuar y saludar a sus clientes.

El servicio de mostrador debe ser una interacción "amistosa y generosa", pero la verdad es que no lo es. El empleado con frecuencia atiende a los clientes tras el mostrador o la barra de turno sin siquiera decir una palabra: ni hola siquiera, sin establecer contacto visual, proyectando la percepción de que tu presencia es una molestia. La amabilidad y generosidad no es cosa de todos los días. No hace falta trabajar en la hostelería para saber que debes ser amable y generoso con quien ha tomado la decisión activa de gastar su dinero para pagar un producto o servicio. No es de recibo verte obligado a ansiar que te atienda alguien mínimamente agradable.

Tomemos tres escenarios de una tarea simple. Supongamos que, sencillamente, he de traerte una galleta en un plato:

- **Puedo limitarme a deslizar el plato frente a ti y alejarme.**

- **Puedo dejar el plato frente a ti, sonreír y decir: "Aquí está tu galleta".**

- **Puedo dejar el plato frente a ti, de forma cuidadosa, sonreír y decir: "Buenas tardes, aquí está tu galleta caliente con pepitas de chocolate. ¿Te apetece probar alguna cosa más?**

Una tarea, tres formas diferentes de hacerla. ¿Cuál de ellas hace que te sientas amable y generoso? Este libro te ofrecerá una guía sobre cómo interactuar bien con tus huéspedes, tus compañeros de trabajo, tus empleados y tu jefe, además de presentarte a algunas personas increíbles que trabajan en el servicio de mostrador.

Nuestro huésped

Me gusta usar la palabra huésped en lugar de cliente. Ambas hacen referencia a la misma persona, pero el uso de la palabra huésped revela otra consideración de esa persona, una consideración intencionada. Es muestra de que quiero estar al servicio del huésped, recibirlo con mi hospitalidad y no solo esperar a que deambule por el local para encontrarme.

Cuando era niño, mis padres organizaban muchas fiestas y cenas con invitados. No eran nuestros clientes, eran personas con las que nos relacionábamos y a las que conocíamos, o llegábamos a conocer, con las que desarrollábamos relaciones. Cuando pienso en un cliente, solo pienso en alguien que saca un ticket con un número y espera que un desconocido situado tras el mostrador de turno grite dicho número. No es nuestro caso. Eso no tiene nada que ver con la hospitalidad, y no es la forma en que brindamos el servicio de mostrador. Estas son algunas de las cosas que nos diferencian. Al usar la palabra huésped celebramos un contrato con nosotros mismos para tratar a todos nuestros clientes como verdaderos huéspedes, como unos invitados que nos visitan. ¡Porque son nuestros invitados!

El oficio

De joven trabajé en el aserradero de nuestra familia y en equipos de construcción. Aprendí el oficio de la construcción a través de los artesanos que se enorgullecían de enseñar al novato la forma correcta de hacer las cosas. Gracias a sus instrucciones y comentarios desarrollé las aptitudes necesarias para cortar madera, construir armazones, elaborar paneles de yeso, estructurar las paredes de una casa y verter hormigón para los cimientos. Pude absorber todo esto escuchando a mis jefes y trabajadores de alto nivel en el equipo, cometiendo errores, haciendo preguntas y perfeccionando mis aptitudes hasta que la atención al detalle se convirtió en una segunda naturaleza. Aprendí a conducir un montacargas antes que un coche. (¡La de errores que cometí al manejar aquel montacargas!)

Fue el mismo método de aprendizaje que seguí en el ámbito educativo, en el de las artes y la hostelería. He captado todo lo que sé de las personas para las que he trabajado, las personas con quienes he trabajado y los libros que me han recomendado. Fueron estas personas amables en el servicio de restaurante las que me acogieron bajo su seno, en un momento u otro, y me mostraron cómo se hacían las cosas y cuáles eran las expectativas. Que un artesano necesitaba atenerse a un mínimo nivel. El deber y el honor de un artesano no es solo hacer su trabajo, sino hacerlo bien. Con constancia. Una y otra vez.

El aprendizaje

Siempre puedes trabajar detrás de un mostrador o una barra y no prestar atención a nada de lo que he descrito anteriormente, sacarte tu salario y dejar que transcurra el día. No te pasará nada malo. Tal vez te sientas un poco aburrido. Lo bueno de tener vocación de hospitalidad es que siempre cuentas con opciones para mejorar y perfeccionar tus aptitudes. Si te atienes a los principios del buen servicio y los ejecutas día tras día, verás que te transformas. Tienes esa opción todos los días en la hospitalidad. Hay una razón por la que en este momento tienes este libro en las manos. Puedes crecer a diario y perfeccionar las aptitudes que te ayudarán en todos los ámbitos de la existencia. He disfrutado mucho aprendiendo las siguientes aptitudes mientras trabajaba en el sector de la hostelería:

- "Leer" una concurrencia

- Aptitudes multitarea
- Conexión con personas de diferentes orígenes
- Seguir una dirección precisa
- Aceptar comentarios constructivos
- Conocer nuevas personas y amigos
- Lectura del lenguaje no verbal
- Aptitudes y responsabilidades de gestión del tiempo
- Vender productos y obtener conocimiento del producto
- Comprender a diferentes personas y puntos de vista
- Formar y ser formado

Blondie's Pizza

Mi primera experiencia de trabajo detrás de una barra tuvo lugar cuando vivía y estudiaba en San Francisco, a los veintipocos años de edad. Trabajé en Blondie's Pizza junto a la parada final del tranvía en Powell Street, un lugar turístico a un par de cuadras de Union Square.

Necesitaba un empleo de fin de semana, así que dejé un currículum y recibí una llamada. Era un establecimiento de servicio sencillo. El visitante se acerca al mostrador, pide una pizza entera o una porción, paga al cajero, espera a que lo llamen por su nombre y le entregan la comida. El local era pequeño. Junto a la pared había una pequeña barra en la que podías comer mientras estabas de pie. En Nueva York hay muchos establecimientos de este tipo.

Mis tareas eran bastante simples. Comencé como cajero y trabajé en ese puesto durante un par de meses, y luego me sumé al equipo encargado de preparar la masa y hacer las pizzas. Con el tiempo me puse a trabajar unos turnos cocinando las pizzas en el horno. El de cocinero era un puesto codiciado. Pero por mi parte prefería hablar con la gente sentado tras la caja registradora. Era más divertido y conocías a personas de todas clases. El encargado era un tipo genial y apreciaba mi energía positiva e interacción con los visitantes y los compañeros.

Era un lugar muy concurrido. La gente llegaba en oleadas y hacía cola delante de cada caja. Muchas veces te encontrabas frente a ocho o nueve personas en la cola, de diez a quince en las horas punta. ¡Y los servíamos volando! Los visitantes a veces estaban irritables cuando por fin llegaban al frente, pero recurríamos al humor, y la mayoría de los empleados en las cajas registradoras eran habilidosos a la hora de tratar la gente. ¡La dirección nos instaba a interactuar con ella, cuanto más mejor!

El comensal podía elegir entre tres tipos de pizza, por lo que no era difícil explicar el concepto y los ingredientes. Pero había personas que efectuaban solicitudes muy específicas, por lo que era fundamental hacérselo notar debidamente al preparador y el cocinero. Cualquier error metía al cocinero en apuros e incrementaba los tiempos de espera. No teníamos la ventaja de un sistema informático avanzado, por lo que la comunicación era superimportante.

Para mí, lo mejor del trabajo era la gente: la gente con la que trabajaba y las personas de todo tipo, de todos los ámbitos de la vida, que se presentaban ante el mostrador surgidas de la niebla de San Francisco, con ganas de comerse una porción de pizza. Mis compañeros eran la bomba, no podían formar un equipo más diverso. Leonard procedía de Detroit y estaba montando su propio negocio; había un estudiante universitario de Toronto, un DJ crecido a pocas cuadras de distancia y una encargada que por las noches trabajaba como bailarina go-gó. Representamos a muchas razas y culturas diferentes. La mayoría éramos veintiañeros y nos dedicábamos a otras cosas en paralelo: a los estudios, el arte o algún que otro negocio secundario. Nos reímos mucho, nos divertimos, trabajamos rápido y duro, ganamos nuestro dinero, ¡y al final de cada turno siempre nos llevábamos algo de pizza a casa!

Mi gerente, Steve, era muy comprensivo con mis horarios. Los estudios solo me permitían acudir los fines de semana, por lo que hacía turnos de ocho horas los sábados y domingos y otros turnos ocasionales los viernes por la noche y entre semana si mis estudios nocturnos lo permitían. Lo que era perfecto para mí, porque muchos de mis compañeros de trabajo querían tener los fines de semana libres. Pero estaba obligado a ser flexible: yo era el nuevo. El empleo no dejaba mucho dinero, pero lo suficiente para cubrir algunas facturas e invitar a una chica de vez en cuando.

El dinero era importante, por supuesto, pero el trabajo me resultaba agradable y divertido, y esa energía se transmitía a los visitantes. Que no tardaban en convertirse en habituales. Trabajábamos con rapidez, interactuábamos con la gente, sacábamos pizzas a toda velocidad y manteníamos un ambiente amigable y divertido, todo al mismo tiempo. Los cuatro elementos son esenciales en el servicio de mostrador. Y el trabajo en el mostrador también discurría con celeridad: una interacción rápida, siempre saludando, con algo de conversación.

Amigable y atractivo

Las barras de comida rápida, de informal rápida y de café o cafetería son similares en el sentido mencionado más arriba: solo tienes este corto período de tiempo para saludar al huésped, causarle buena impresión, responder algunas preguntas sobre los productos que sirves, tomar su pedido, procesar el pago, instruirlo sobre cómo recibirá el pedido y despedirse. Ser amable y conectar con el visitante es esencial durante esta breve interacción. Si no eres amable, el cliente puede encontrar que todo se reduce a una transacción sin sentimientos. Lo que supone un problema, para el restaurante y para ti.

Los empleadores quieren trabajar con personas simpáticas y que se relacionen con los huéspedes. En última instancia, un empleado positivo que puede interactuar de manera amistosa con compañeros de trabajo e invitados, realizar múltiples tareas, mantenerse enfocado y mantener esa energía constante durante un turno completo de ocho horas es alguien que todo empleador va a querer contratar y ascender, y con quien estará encantado de trabajar.

Inicio de conversación

Mi esperanza es que este libro responda a algunas de tus preguntas, que algunas de las ideas y herramientas te sean útiles, que cobren sentido y despierten interés. La mía no es la última palabra sobre el tema; yo no soy más que uno entre tantos.

En todos mis trabajos de servicio, me gustaba –y sigue gustándome-- pensar en una cosa: "¿Cómo podemos hacerlo mejor?" ¿Cómo podemos ofrecer algo diferente, con el invitado siempre en mente? ¿Cómo podemos ir más allá? Siempre me ha encantado debatir estas cuestiones, y muchas otras, al tomar una copa después del trabajo o durante el mismo servicio. Si hay algo que no te gusta del trabajo, genial. Habla de ello abiertamente. Si algo te gusta, genial. Habla de ello. Y si estás agotado por el trabajo y no tienes ganas de leer, deja este libro y ponte a mirar un partido de fútbol en la pantalla. ¡Por mi parte espero que te guste!

> **SI HAY ALGO QUE NO TE GUSTA DEL TRABAJO, GENIAL. HABLA DE ELLO ABIERTAMENTE. SI ALGO TE GUSTA, GENIAL. HABLA DE ELLO. Y SI ESTÁS AGOTADO POR EL TRABAJO Y NO TIENES GANAS DE LEER, DEJA ESTE LIBRO Y PONTE A MIRAR UN PARTIDO DE FÚTBOL EN LA PANTALLA. ¡POR MI PARTE ESPERO QUE TE GUSTE!**

Este libro tiene por objetivo encender la chispa de la conversación. Lo que el servicio significa para ti, tus compañeros, tus empleados, tus clientes. Este libro tiene por fin inspirar una conversación con quienes disfrutan con el buen servicio. El servicio es diferente en cada establecimiento. No estamos hablando de una talla única para todos. Sí, es verdad que hay elementos del servicio que nunca deben ser olvidados, pero por mi parte espero que te fijes en lo que sea útil para ti, hagas uso de los elementos que te interesen y crees mejores formas de servir a tus huéspedes a través de tus propias disquisiciones e innovaciones.

Si estás leyendo este libro y te encuentras diciendo: "Este tipo se olvida de explicar lo que hay que hacer a la hora de mantener la puerta abierta para los comensales o limpiar las sillas en el patio", ¡bien! ¡Genial! Eso significa que este libro está funcionando. Es para que empieces a preguntarte, ¿cómo puedes ser de utilidad? ¿Cómo puedes mejorar lo que estás haciendo? ¿Y cómo puedes innovar y seguir superando las expectativas de tus clientes? Es la conversación precisa que siempre debe estar teniendo lugar, tanto dentro de tu cabeza como con los demás.

Repetición y retención

Va a haber algo de repetición en este libro. Lo digo porque en Blondie's Pizza me dieron unos cuantos consejos que más tarde volví a escuchar en un restaurante de alta cocina con estrellas Michelin. Siempre nos recordamos unos a otros algunos de los elementos más importantes y básicos del servicio, con independencia del establecimiento concreto. Estos son algunos de los consejos recibidos en todos los trabajos de hospitalidad que he tenido:

- **Saluda a los huéspedes**
- **No te quedes de brazos cruzados en la sala**
- **Haz lo posible por dirigirte al comensal por su nombre de pila**
- **No olvides incluir las alergias de los comensales en el pedido.**
- **Comprueba bien la comanda antes de pulsar "Enviar"**
- **Ve retirando los platos y cubiertos sucios de la mesa**

- **Despídete del cliente**

En el sector de la hostelería van a darte estos y muchos otros consejos. Tienen su importancia, y vas a escucharlos en cualquier establecimiento empeñado en brindar un buen servicio a los huéspedes. Los escuchará en este libro una y otra vez porque los camareros a veces olvidan algunos de los principios más fundamentales del servicio, en un restaurante del tipo que sea. Todo forma parte del compromiso con el oficio.

En busca de empleo

«¿Dónde puedo encontrar información sobre cómo buscar trabajo? Nunca he sido bueno en las entrevistas, no sé por dónde van a salirme". Si estás interesado en encontrar empleo sirviendo detrás de una barra, he incluido una sección específica en la parte final del libro. Se titula "Cómo ser contratado". Encontrarás muchos consejos sobre cómo estar preparado, qué esperar del proceso de entrevista, incluso qué has de vestir.

Cómo usar este libro

Puedes leer este libro de adelante hacia atrás, o simplemente buscar temas muy específicos en la sección Contenidos en la parte inicial del libro, la sección Menú en la página siguiente o la sección Índice en la parte final. Si ya tienes cierta experiencia y estás tratando de repasar algunas aptitudes, sáltate las páginas que sea necesario y encuentra un tema que te motive o te ponga nervioso. Hay mucha sabiduría, pensamientos y consejos de otras personas increíbles en las entrevistas. Este libro puede ser de ayuda para encontrar tu primer trabajo; puede hacer las veces de supervisor o encargado que te recuerda ideas y prácticas, que te da su opinión sobre mil y un aspectos importantes. O puede hacer las veces de un gerente experimentado que encuentra formas de inspirar a los empleados de su equipo. Usa el libro como referencia a medida que mejoras en tus funciones. El siguiente "Menú" es una guía para ayudarte a navegar por este libro del mejor modo posible.

PARTE 1

1

Tipos de servicio tras una barra

Comida rápida, cafeterías, comida informal rápida

Comida rápida

Cuando hablamos de comida rápida, la mayoría de nosotros sabemos lo que eso significa: McDonald's, Jack in the Box, Burger King, etc. Hay cadenas nacionales, cadenas regionales y versiones familiares de este tipo de restaurantes en todas partes. Es difícil pasarlos por alto mientras conduces por cualquier autopista o autovía. Estos restaurantes suelen tener de cinco a quince elementos de menú, y si trabajas aquí tus tareas suelen ser limitadas y repetitivas. Puedes trabajar como cajero en el mostrador o cajero en la ventanilla de servicio para automóviles. O puedess estar poniendo los platos que ya han sido montados por los cocineros en una bandeja o en una bolsa para llevar.

Cafeterías

Hay una amplia gama de cafeterías que sirven muchos tipos de bebidas y una variedad de opciones de comida. Starbucks y Peet's son un par de cadenas nacionales de café, pero hay cadenas más pequeñas excelentes, así como incontables cafeterías operadas por sus propietarios. Cada una ofrece un café único, tostado de muchas maneras y mejorando constantemente su servicio para atraer a más clientes. Algunos solo venden productos que han sido entregados desde una cocina de terceros (es decir, alguien más proporciona pasteles fríos, sándwiches y postres). Otros suben de nivel y recalientan los alimentos que ya han sido preparados o parcialmente cocinados (emparedados para el desayuno, paninis y postres calientes). Otros pueden tener una pequeña área de preparación que incluye placas eléctricas de alta gama detrás del mostrador y cocinan platos más complejos dentro del local. En cualquiera de estos locales puedes trabajar detrás del mostrador como cajero o barista, o crear comidas recalentando, montando pedidos o cocinando platos.

Comida informal rápida

Los restaurantes del tipo fast casual son el tipo de establecimientos con barra que seguramente conoces. En un típico restaurante fast-casual, la configuración será una de las siguientes:

- **Haces el pedido en el mostrador, eliges los ingredientes, te preparan la comida frente a ti mientras avanzas por la fila y te entregan los platos directamente en el mostrador.**

- **Haces un pedido en la barra y te dan un número. Recibes tu pedido en tu mesa. Muchos cafés ofrecen este estilo de servicio, por lo que esos cafés también podrían considerarse informales.**

La actual tendencia de de restaurantes fast-casual, también conocidos como QSR (restaurantes de servicio rápido, en su acrónimo inglés), abarca muchos tipos de restaurantes en diferentes niveles de calidad, especializados en cocinas de toda clase, desde comidas rápidas hasta comidas preparadas de manera intrincada. Pueden ser de platos mexicanos sencillos de preparar, como los de la cadena Chipotle, o un restaurante con una extensa carta de quince platos, hechos al momento, con precisión, detalle y las modificaciones que hagan falta. Constituyen una excelente escuela para los restauradores, cocineros y camareros que no hacen ascos a trabajar en un ambiente acelerado que les permite aprender y ponerse al día sobre los platos y bebidas de calidad.

Los restaurantes están cambiando. Los platos de toda la vida dejan paso a nuevas creaciones. Del pollo Malibu al bocadillo de costilla corta sous vide, de la ensalada Cobb a la ensalada de pollo Fattoush, de los bollos con cabello de ángel a las tostadas de anacardo y queso crema con aguacate. La estructura de entrega se ha mantenido algo igual en el servicio de mostrador, pero los ingredientes han mejorado mucho. Los estándares están evolucionando rápidamente porque las expectativas de los huéspedes evolucionan con la misma rapidez. La diferencia entre la comida rápida y la comida informal rápida estriba en los platos de mayor calidad y los precios más altos, lo que lleva a salarios superiores y, con suerte, a un mejor nivel de servicio, informado y amable.

Cocineros famosos como Tom Colicchio o Gordon Ramsey están abriendo restaurantes de comida informal rápida de alta gama, en todas partes del mundo. Tiene sentido porque la fórmula culinaria es diferente a las formas de complicada preparación, intensivas en mano de obra, que sus restaurantes insignia exigen. Esta fórmula facilita preparar comida excelente de manera relativamente rápida, con ingredientes de calidad, y servírsela al visitante con celeridad. La existencia de esta clase de restaurantes supone una verdadera maravilla para el comensal de hoy.

Y bien, ¿los establecimientos de tipo fast casual qué suponen para el cajero o camarero de barra? Suponen que estás obligado a mejorar en tu oficio. Si trabajas en un restaurante de esta clase, estás obligado a saber todo lo que un camarero tradicional sabría sobre alimentos y bebidas. Lo que va mucho más allá de sonreír y saludar al recién llegado, tomarle la comanda y cobrarle por ella. Ahora debes conocer la carta a un nivel más profundo: conocer los ingredientes específicos, saber de dónde vienen y ser consciente de las alergias que algunos platos pueden agravar. Eres la conexión directa con la cocina. Tu ritmo es mucho más rápido, porque con un menú más intrincado, tus clientes harán más preguntas, querrán saber más detalles y esperarán que formes parte de esa experiencia gastronómica. Estás ofreciendo asesoramiento, tomando el pedido, preparando las bebidas y procesando su pago. En definitiva, lo que haces es crear una experiencia gastronómica que va desde el mostrador hasta la mesa del comensal.

Posibles vacantes

Hay diversos modelos de restaurantes rápidos informales/de servicio rápido. Están en constante cambio, ya que los restauradores constantemente tienen nuevas ideas para servir mejor a los huéspedes. ¡La innovación de los restauradores y cocineros creativos es fantástica! Pero también requiere que tú, como camarero de mostrador, te ajustes e improvises de forma constante. Puedes trabajar en un restaurante muy eficiente que solo tenga tres o cuatro opciones principales de proteínas con algunos ingredientes disponibles (es el caso, por ejemplo, de las cadenas Poke Palace o Chipotle). O puedes trabajar en un restaurante informal de lujo donde has de conocer los quince platos de la carta y todos los ingredientes que los componen (caso de las cadenas Tender Greens, Blaze Pizza y Panera). En cualquier caso, aquí tienes un desglose detallado de las principales vacantes que ofrecen los locales de este tipo:

Envío de comandas a la cocina, preparación de bebidas, cajero: En su formulación más sencilla, tú, el cajero, ayudas y orientas al visitante explicándole la carta, tomando su pedido, respondiendo preguntas y pasando la comanda a la cocina. Le cobras y le das su bebida, junto con un ticket con su número. También puedes hacerle entrega de un dispositivo que se ilumina y alerta al mesero de la ubicación del huésped en el restaurante, para que deje su plato en la mesa. El huésped se hace con ese número o dispositivo y encuentra asiento a una mesa. Y tú o un compañero de equipo le traes el pedido una vez que la cocina lo ha terminado de preparar.

Servicio de alimentos preparados, preparación de bebidas, servicio en general: Ciertos establecimientos de estilo informal más rápido muestran todos los elementos del menú ya preparados, a la vista del huésped, como un bufé, con el detalle de que tú, como empleado, eres la única persona con acceso a la comida. El visitante avanza en paralelo a ella, mientras le preguntas qué le gustaría saborear. Explicas la composición los platos y sirves la cantidad adecuada en su tazón, plato o recipiente para llevar. Y tú o un compañero le cobras al final de su recorrido.

Preparación del plato en sí, preparación de bebidas, cajero: La tercera opción consiste en que montes el plato en sí. En este caso, como el servidor que eres, harás todo lo anterior y construirás el plato para el invitado: un burrito, un taco, un poke bowl, un kebab, etc. Los ingredientes están delante de ti y los añades al plato a petición del huésped. ¡Lo que haces es construir su comida! Al final de su recorrido, le traes la bebida indicada y le cobras. El comensal entonces se dirige a una mesa.

La cocina

Los alimentos pueden llegar a la cocina ya preparados, para su inmediato almacenamiento, o prepararse desde cero in situ. En la mayoría de las cocinas, los alimentos se almacenan en grandes cámaras frigoríficas. Hay muchos tipos de restaurantes informales rápidos: los de tipo más simple tienen platos preparados a domicilio y entregados en cocina; el restaurante de tamaño mediano prepara algunos de ellos en su propia cocina; los restaurantes culinarios de gama alta optan por prepararlos todos en la cocina, donde cuentan con lo necesario para hacerlo.

2

Un Trabajo Maravilloso

The Swiss, compaginación con estudios, pequeños extras

Es posible que te preguntes por qué querrías un trabajo en el campo de la hospitalidad. En mis años en dicho sector he tenido oportunidad de conocer y trabajar con personas de todos los ámbitos de la vida. Las personas empleadas en esta industria son de todas las edades y orígenes, y trabajan para pagar sus cuentas. Algunas de ellas se dedican a otras cosa en paralelo. En el servicio de mostrador he conocido a estudiantes, artistas, empresarios y trabajadores entrados en año interesados en engrosar sus beneficios de jubilación. Se entiende que personas de toda índole se dediquen al servicio de hostelería para ganarse la vida. No importa en qué momento de la existencia te encuentres, un trabajo en el sector de la hospitalidad puede ayudarte a alcanzar tus objetivos.

The Swiss

Cuando tenía dieciséis años dejé de trabajar en el aserradero de nuestra familia y conseguí un empleo como lavaplatos los fines de semana en Mary's Pizza Shack. Duré unos tres meses. Aquello de lonchear cantidades industriales de callos y cebollas todas las noches resultaba más bien apestoso. Tuve la suerte de encontrar otro un nuevo empleo como ayudante de camarero en The Swiss Hotel. El Swiss era un pequeño hotel con seis habitaciones en el piso de arriba, un restaurante y un bar en el piso de abajo. Había estado yendo a cenar a The Swiss toda mi vida. Crecí conociendo a todos los que trabajaban allí. La nuestra era ciudad muy pequeña. Celebramos muchos de los cumpleaños de la familia Farrell en The Swiss todos los años.

Yo era un adolescente típico: me impacientaba con mis padres y me apetecía trabajar alejado de ellos. Ahora que lo pienso, creo que estaba hecho un niñato insoportable. Bastaba que mis padres me dijeran una cosa para que yo respondiera lo contrario, con las argumentaciones más peregrinas. No es de extrañar que mi madre pensara que eso de trabajar en The Swiss era la mejor idea del mundo. Allí tendría que vérmelas con Helen, y mis respuestas de bocazas provocarían o bien el despido fulminante o bien una admonición tan directa como severa. Fue lo segundo, y funcionó.

Helen Dunlap era una gran propietaria y camarera. Lo veía todo y estaba allí para servir a la perfección. Sabía cómo saludar a una familia, abrazar a un niño, recordar un cumpleaños y dirigirse a un borracho buscabroncas en el bar. Yo conocía a Helen de siempre. Era simpática, pero muy directa. En el Swiss esperaban que te tomases el trabajo en serio y no tenían tiempo para tonterías. Era muy libre de mostrarme tal cómo era, pero estaba obligado a hacer mi trabajo, o Helen y el resto del personal de servicio tomarían cartas en el asunto. Las tres camareras del establecimiento me formaron en el propio comedor. Yo les decía en broma que ahora tenía cinco mamás: una en casa y cuatro en The Swiss.

Aprendí mucho más que a disponer platos y cubiertos en las mesas. Aprendí sobre la gente. En la parte posterior del establecimiento siempre había un elenco de personajes pintorescos. En el comedor situado en la parte delantera trabé con relación con personas de lo más variopinto. Sonoma es una ciudad pequeña, pero es un gran destino turístico. Estábamos a solo una hora de uno de los aeropuertos más concurridos del mundo. The Swiss acogía a una ecléctica mezcolanza de viajeros y fieles lugareños. Era un gran lugar para aprender y un gran lugar para estar expuesto a personas de diferentes procedencias.

Mi jefa y compañeros de trabajo me mantuvieron a raya y me enseñaron mucho. Aprendí a dirigirme a las personas y prestar atención: cómo presentarme en el lugar de trabajo con buena actitud, decir buenas noches y adiós, establecer contacto visual, prestar atención a los detalles (que la botella del agua en la mesa estuviera siempre llena, por ejemplo), volver a poner platos y cubiertos en una mesa del modo correcto. Aprendí a limpiar el menú y las cartas con un paño antes del servicio, a doblar las servilletas bien y a asegurarme de llegar al trabajo con un uniforme limpio (¡sí, me enviaron a casa un par de veces porque llevaba la camisa sucia!). Todo cuanto sé, los principios fundamentales del oficio, fue gracias a estos increíbles camareros que me tomaron bajo su protección como ayudante de mesero al tiempo que estudiaba secundaria.

EL INTENTO DE AYUDAR A LOS DEMÁS Y TRABAJAR EN EQUIPO CON OTROS VOLUNTARIOS, TUVO UN GRAN IMPACTO EN MI DESARROLLO PERSONAL Y ME AYUDÓ A HACER LA TRANSICIÓN FÁCILMENTE, INVOLUCRARME EN EL SERVICIO DE LA HOSTELERÍA.

Mi uniforme: pantalones negros y camisa blanca limpia y recién planchada con pajarita. ¡Sí, una pajarita! Una pajarita con engarce metálico, por supuesto, porque no tenía idea de cómo anudar una pajarita. (Sigo sin tenerla, la verdad). Me encantaba ese uniforme. Me encantaba lucir la pajarita y trabajar en un restaurante italiano al viejo estilo, con manteles a cuadros. De pronto me sentía alguien. Por las mañanas me iba al trabjao henchido de orguklo. Era una sensación que recuerdo vívidamente. ¡Mi madre todavía tiene una foto mía de pie junto a mi bicicleta de diez velocidades, con el uniforme puesto, listo para ir al trabajo, con la camisa limpia, la pajarita y con la boca llena de relucientes aparatos dentales en metal!

Gané seguridad en mí mismo en otras áreas de mi vida, mientras aprendía todas estas cosas en The Swiss: cómo escuchar, formular preguntas para iniciar conversaciones, tomar la iniciativa e interactuar con las personas basándome en los principios del buen comportamiento. Fue como un curso intensivo sobre el cuidado de las personas. Mi vida realmente comenzó a cambiar en este punto. Estaba empezando a aprender mucho más de cuanto podía encontrar dentro de mi habitación y las cuatro paredes de la casa de los Farrell. Este empleo me hizo concentrarme menos en mí mismo, logró que prestara atención a cuanto había más allá de mi propia cabeza y me enseñó unas cuantas lecciones iniciales sobre lo que significa estar al servicio de otros. Fue mi primera introducción a un trabajo en el que ganábamos dinero tratando bien a seres humanos, trabajando en equipo para asegurar que las personas lo pasaban lo mejor posible.

Crecí en un hogar donde el voluntariado era parte integral de nuestras vidas. En nuestra pequeña ciudad parecía que todo el mundo siempre estaba ayudando a la gente. Mis hermanos y yo ayudamos a mis padres en la iglesia, en el Centro Comunitario y como voluntarios en otros lugares. Nuestra ciudad tenía muchos clubes y grupos que ayudaban a las personas: clubes de Kiwanis y Leones, diferentes grupos sociales y de iglesias, organizaciones sin fines de lucro, ligas deportivas infantiles gratuitas o de bajo costo, con perspectiva comunitaria, con intención de ayudar al prójimo y facilitar la creación de una ciudad excelente y accesible en la que vivir. Creo que la cultura del voluntariado, el intento de ayudar a los demás y trabajar en equipo con otros voluntarios, tuvo un gran impacto en mi desarrollo personal y me ayudó a hacer la transición fácilmente, involucrarme en el servicio de la hostelería y conseguir mi trabajo en The Swiss.

Compaginando con los estudios

Puede que estés estudiando y trabajes unas horas al día tras salir del instituto o, quizá, durante el fin de semana. Tal vez estés en la universidad, siguiendo doce unidades por semestre y con necesidad de sacarte algo de dinero por tu cuenta. Puedes estar viviendo con tu familia, aportando tu parte en las facturas o viviendo por tu lado. O quizá estás trabajando para sumar experiencia en tu currículum, aprender nuevas aptitudes y ganar algo de dinero de bolsillo. O acaso estás pagando la universidad y/o compensando lo que las becas y préstamos estudiantiles no llegan a cubrir. O quizá estás buscando un empleo que pueda cubrir tus cuotas sanitarias mientras continúas con tu educación.

Los trabajos de hostelería muchas veces son flexibles, fáciles de encontrar y fiables. Son flexibles porque numerosos locales tienen turnos nocturnos para las personas que estudian durante el día y turnos diurnos para aquellos que siguen clases nocturnas. Algunos empleos de servicio en barra son indicados para los estudiantes durante el fin de semana, si no pueden trabajar los días laborables. También están los turnos matinales en cafés o cafeterías, a primerísima hora, que te permiten llegar a tu clase de historia a las diez en punto. Son empleos de los que puedes depender, y este tipo de experiencia laboral es muy útil cuando ca-mbias de ciudad o centro educativo, o deseas progresar en la industria de la hospitalidad.

Un historial de trabajo en equipo, que comprenda seguir una dirección y aprender los fundamentos del servicio al cliente solo te beneficiará cuando llegue el momento de olvidarse de los estudios y tratar de hacer otros sueños realidad.

Muchos empleos estacionales a tiempo parcial implican trabajar en el comercio minorista, la entrada de datos, hacer de salvavidas de playa, de niñera o de tutora, pero estos trabajos de servicio en barra pueden ayudarte a ganar dinero durante todo el año e incluso darte opciones de trabajo después de haberte diplomado. Y, claro está, dicha experiencia no te condena a trabajar para siempre en locales de comida y bebida. Yo mismo lo aprendí mientras compaginaba la universidad con el trabajo tras un mostrador. Pues aprendí a tratar con la gente, a hacerme cargo de las personas con las que tenía que tratar y a mejorar mis aptitudes interpersonales. Lo que me convirtió en candidato apreciado en otras áreas e industrias necesitadas de personal con experiencia en servicio al cliente y trato cara a cara con las personas.

Tienes que encontrar el empleo adecuado para ti. Piensa en tu barrio, ciudad natal o área universitaria por un momento. ¿Cuáles son los empleos de servicio en mostrador que vienen a la mente? Hay muchas cafeterías, locales de comida rápida y y establecimientos del tipo informal. Todos ellos pueden ofrecer turnos en diferentes momentos del día que se ajustan a tu horario lectivo. Explora los lugares en los que te gustaría trabajar. Si no puedes pagar una comida completa, ve a tomar un café, un refresco o un postre. Algo que no te dejará en la ruina, pero te dará una idea del estilo del local, del tipo de establecimiento en el que te encuentras. Intenta imaginarte trabajando allí. Porque te conviene dar con un lugar en el que realmente quieras trabajar, de buena gana.

Mientras sigues con tus estudios, puedes permanecer en el mismo trabajo o pasar a otros empleos en restaurantes más complejos. Algunos locales con barra también son excelentes etapas intermedias antes de acceder a puestos en restaurantes de servicio completo. Los restaurantes de este tipo muchas veces contratan a personal con cierta experiencia en el servicio de mostrador. Es más probable que un restaurante de servicio completo le dé a alguien la oportunidad de ser un camarero si ha tenido tiempo de interactuar con clientes de toda clase desde el otro lado de una barra. A la gerencia le interesa que tengas algo de experiencia y que sepas manejarte con los huéspedes. Mi amiga Alice comenzó en un local de la cadena Subway en su primer año de universidad. A mitad de la universidad, era mesera en uno de Chili's, y en el último año trabajaba como coctelera y camarera de barra de bar para pagarse los estudios.

Estos empleos proporcionan una experiencia laboral fantástica para acceder a otros puestos después del instituto o la universidad. Casi todas las empresas quieren a personas con experiencia laboral. Y estos empleos proporcionan la experiencia de manejarte con diferentes tipos de huéspedes, necesidades e interacciones. Tendrás historias que contar en tus entrevistas sobre cómo conquistar a un cliente, mejorar tus aptitudes de comunicación y aprender a prestar atención a los detalles mientras haces varias tareas a la vez.

Un historial de trabajo en equipo, que comprenda seguir una dirección y aprender los fundamentos del servicio al cliente solo te beneficiará cuando llegue el momento de olvidarse de los estudios y tratar de hacer otros sueños realidad. Estarás mejor preparado para interactuar con futuros compañeros de trabajo, gerentes y superiores. Un empleo de servicio de mostrador es una excelente manera de educarte en el mundo del trabajo mientras sigues estudiando en paralelo.

Pequeños extras

La mayoría de los empleados laboran a tiempo completo en los trabajos de servicios de mostrador, pero algunas personas tan solo están interesadas en hacerlo a tiempo parcial. Esto puede deberse a que tienen otro empleo y se proponen agregar horas y dinero a ese trabajo principal, sacarse dinero extra para pagar las cuentas, o incluso montar sus propios negocios. El caso es que necesitan ingresos o seguro médico adicionales.

La mayoría de mis amigos artistas han tenido trabajos secundarios que les ayudaban a pagar el alquiler y las facturas. Algunos de estos trabajos con el tiempo se han convertido en su principal medio de ingresos. En su mayoría disfrutan de un trabajo donde pueden interactuar con las personas, ya que su trabajo artístico puede llevar al aislamiento. Los trabajos de servicios en barra son una excelente manera de ganar dinero y crear un equilibrio entre el trabajo y la vida personal, un equilibrio hecho a la medida de las propias necesidades.

Los empleos de mostrador en hostelería son una gran fuente de ingresos para los jubilados que buscan aumentar sus ingresos para complementar la pensión. Muchas personas que se han jubilado de su trabajo "profesional" se proponen acceder a un empleo en la hostelería donde puedan trabajar menos horas, ganar dinero e interactuar con una variedad de huéspedes y compañeros de trabajo.

3

ESTAR PREPARADO

EDUCADO, PUNTUAL Y PRESENTABLE

Estos tres puntos no cambian en ningún empleo. Están en la base del acuerdo al que llegas con tu empleador cuando te contrata. En este tipo de trabajo, un negocio exitoso depende de que un empleado pueda, como mínimo, presentarse haciendo gala de una actitud positiva, en el momento en que la empresa lo necesite, vestido con ropa limpia y adecuada. Si quieres hacerlo bien en tu trabajo, estos son tres de los compromisos más básicos que debes seguir. No los olvides:

Cortesía

Mi madre solía decirnos a mi hermano y a mí: "No cuesta nada ser educado". Siempre me sorprende que la cortesía sea el ingrediente clave que falta en la mayoría de las interacciones de servicio. Piensa en tus experiencias diarias en la tienda de comestibles, el banco, la charcutería, la tienda de conveniencia, la oficina de la escuela, la gasolinera. La lista es interminable. Fíjate en si la persona del mostrador se muestra receptiva nada más verte. Si dice hola y establece contacto visual. Solo en las últimas dos semanas me he encontrado con estas situaciones:

- **El cajero de la gasolinera local que ni siquiera estableció contacto visual conmigo. Se limitó a decir: "¿Qué gasolina quiere?" Y se** llevó mi dinero. Fin de la Transacción.

- El cajero en la tienda de comestibles de nuestra calle que sonrió con falsedad, procedió a teclear los importes de las compras, me indicó (no se le pidió) que ingresara mis puntos de regalo y a duras penas logró balbucear un sordo "Adiós".

- El cajero en un café cercano que cuando le dije: "Buenos días, ¿cómo estás?" respondió: "Cansado. Bueno, ¿qué importa?" Tomó mi pedido, voltearon el iPad para mostrarme la pantalla destinada a las propinas. ¿20 por ciento, 25 por ciento, 30 por ciento?, y se limitó a asentir con la cabeza cuando pasé mi tarjeta. Luego se acercó a la máquina, hizo mi café, vociferó algo por encima de la máquina a un compañero de trabajo y gritó mi nombre como si hubiera veinte personas en el lugar (había cuatro). Y empujó mi café sobre una mesa lateral, sin establecer contacto visual ni esforzarse en decir un simple "adiós".

Es posible que estés pensando: "¡Amigo, deberías mudarte de tu vecindario!" Pero interacciones como estas son comunes en todas partes.

La definición de cortés que escuché al crecer fue algo como esto: "Tener o mostrar un comportamiento respetuoso y considerado con otras personas". La hospitalidad y el servicio de comida nada tienen que ver con esa actitud de "Yo me quedo en mi carril, tú te quedas en el tuyo". O "Estoy siendo considerado contigo al ocuparme de mis propios asuntos". La hospitalidad es algo diferente. En la hospitalidad, la cortesía requiere acción. Requiere que nos comuniquemos primero con nuestros huéspedes, no que esperemos a que vengan a nosotros.

Brindamos ese respeto a nuestros huéspedes siendo proactivos y mostrándoles consideración. No esperamos a que se ganen nuestro respeto; se lo damos automáticamente. Ese es el acuerdo. Independientemente de quiénes sean, qué aspecto tengan o el humor con que se presenten, respetamos a nuestros clientes e invitados porque han elegido entrar en nuestro establecimiento y hacer una transacción con nosotros. Nos eligieron, hoy, en lugar de ir al local de la competencia. Por consiguiente se han ganado el respeto con solo entrar por nuestra puerta. Y nuestro trabajo es brindárselo.

Mostramos nuestro respeto dirigiendo nuestra atención a ellos, interactuando con ellos tan pronto como los vemos entrar en nuestro negocio. Establece contacto visual con ellos y asegúrate de estar presente. Un movimiento de cabeza, una sonrisa al menos. También mostramos cortesía y respeto de muchas otras maneras:

- **Elegimos pensar en ellos como invitados en lugar de como clientes. Lo que nos impulsa a cuidarlos lo mejor posible.**

- **Les prestamos nuestra atención con una sonrisa cuando entran en nuestro local o se acercan a nosotros.**

- **Sonreímos a nuestros huéspedes cuando están a menos de tres metros de nosotros o los saludamos y los reconocemos verbalmente cuando están a unos pasos.**

- **Les damos las gracias cuando nos compran algo. Y les deseamos un buen día.**

Así es este trabajo. Nada que ver con "Siéntate aquí todo el día, no establezcas contacto visual, no saludes, llámalos, acepta su pago y pon cara de estar aburrido a más no poder". No es forma de tratar a la gente. Si lo que buscas es un empleo de este tipo, hay muchas opciones que nada tienen que ver con la hostelería. Interactuar con un huésped de una manera educada no es algo extra. No es un favor. Estas acciones de cortesía no escapan a la descripción del trabajo de servicio al cliente. Son atención al cliente.

Si eres capaz de relacionarte con el cliente de una manera amistosa, de tal forma que pase un rato agradable y decida volver al local, entonces eso es una victoria. y como tal hay que tomarla. ¿Y qué más da si estamos hablando de un restaurante, una cafetería, una tienda de comestibles o un centro de servicio cuyo nombre es Alberto el Antipático? La cortesía no requiere más que una acción de entre dos a cinco segundos que puede ocurrir en cualquier lugar y momento, que supone un marcado constraste con las interacciones desagradables que acontecen en otras barras y mostradores.

La buena noticia es que, en el sector de la hostelería, esto es lo que llamamos hospitalidad. Y llevamos años y años proporcionando este tipo de servicio excelente. Se trata de una tradición inscrita en nuestra cultura de servicio de mostrador. Nos comprometemos. Nos hacemos preguntas. Brindamos servicio con una sonrisa. Y si no lo hacemos, damos a la gente una razón para salir por la puerta y gastar su dinero en una cafetería o restaurante diferente. Los clientes suelen volver a aquellos establecimientos que hacen gala de un buen servicio, de un servicio educado…incluso si su producto es un poco más caro que el de una empresa similar que tiene un servicio horrible. El Servicio es importante La cortesía importa. Y no cuesta nada.

Los tiempos

Uno de los elementos clave en la hospitalidad es el concepto del tiempo. Se espera de ti que sepas manejar los tiempos. Así lo exigen tus responsabilidades con la empresa para la que trabajas y el compromiso de la empresa con sus huéspedes.

Antes de trabajar en restaurantes, tenía una visión bastante laxa del tiempo. Cuando trabajaba para mi padre, me daba cuenta de que no le importaba si llegaba un par de minutos tarde. La cosa cambió una vez que comencé a trabajar para personas no familiares en Mary's Pizza Shack y The Swiss. Estas personas sabían cómo dirigir restaurantes, lo habían estado haciendo durante mucho tiempo, y cuando llegué tarde, me lo hicieron saber, alto y claro. No había tolerancia para llegar con demora.

Y cuando te contratan estás comprometiéndote a ser puntual. No importa si se trata de una conocida cadena de cafés o de la charcutería de los padres de tu amigo. Te presentas, listo para trabajar al comienzo de tu turno programado. Habrá momentos en los que llegues tarde por razones válidas, pero deberían ser muy raros. Voy a ser claro. Tampoco es aceptable que entres corriendo por la puerta posterior del restaurante y fiches la entrada cuando el reloj marca las cinco en punto... para después tomarte tu tiempo antes de asumir tu turno, para ir al baño, arreglarte el cabello y llegar a la barra a las cinco y nueve minutos. No seas la persona que siempre llega tarde. No es algo bueno. Incluso si los compañeros dicen que no les importa. Sí que les importa. Respeta su tiempo honrando el tuyo.

Cuanto más te esfuerces en gestionar bien tu tiempo, más rápido crecerán tus aptitudes. A la vez que mejoran tus relaciones con los compañeros de trabajo, jefes e invitados.

Hay distintas formas de responder a una llamada anunciando que hoy no vienes a trabajar. El principio más extendido es: si no te sientes bien, no deberías venir a trabajar. Deberías quedarte en casa y mejorar y volver sano. La mayoría de los establecimientos exigen llamar unas cuantas horas antes de que comience el turno al que no vas a presentarte, sin llamadas de última hora. A fin de prepararse para tu ausencia. En mis tiempos de mesero trabajé en restaurantes familiares, con personal reducido, y si un día no podía cubrir mi turno y realmente no me sentía bien, hacía lo posible por llamar cuanto antes. Todos los empleados tratábamos de seguir esta regla no escrita. Queríamos darle tiempo al equipo para que se adaptaran del mejor modo posible. Pues tu ausencia bien puede influir en la carga de trabajo de todos los demás empleados, siempre hay que tenerlo en cuenta. Lo mejor es que haya tiempo para que otro ocupe tu puesto durante ese turno, para que el local no ande corto de personal, tu ausencia no abrume a tus compañeros de trabajo y siga siendo posible brindar perfecto servicio a los huéspedes.

Estaba trabajando en un hotel en el centro de Los Ángeles, y el gerente de recepción un día nos pidió que hiciéramos cierto ejercicio durante la "revista". (La revista es la breve reunión previa al nuevo turno en restaurantes y hoteles). En este ejercicio, el gerente nos hizo elegir un lugar en el techo y simplemente mirarlo en silencio. Nos dijo que ya nos indicaría cuándo parar. Pasaron unos cinco minutos, o eso me pareció. Cuando dijo: "Terminado", todos nos miramos. Nos preguntó cuánto tiempo había transcurrido. La mayoría de nosotros aventuramos que entre tres y cinco minutos. Había pasado un minuto. Siempre perdemos la noción del tiempo. Cuando le decimos a alguien "unos minutos", unos minutos para mí son diferentes a unos minutos para ti. Lo que deja mucho margen para el error o la confusión, que nunca son buenos en la hostelería. Cuando un comensal te pregunte cuánto tiempo va a tardar algo, dale una respuesta honesta. Proporciónale una respuesta lo más concreta posible. Cuando los clientes se ven obligados a esperar largo rato, tienen tiempo sobrado para decirse cómo podrías hacer tu labor de manera más eficiente, así que no les des ese tiempo adicional.

Casi todos los restaurantes fast-casual en los que he estado son restaurantes "de fuego de pedidos" (esto es, cuando el cajero presiona Enviar la comanda, ésta va a la cocina y los cocineros se aprestan a prepararla). Cuando hay una gran espera, es importante tener en consideración cuánto tiempo puede tardar un producto en prepararse. Si solo cuatro personas acaban de pasar por caja y las cuatro han pedido lo mismo, el tiempo de preparación puede ser de solo ocho minutos. Si hay gentío y doce personas acaban de pasar por caja pidiendo lo mismo, el pedido puede tardar más, quince minutos. Lo irás viendo a medida que te adaptas a la forma de trabajo de tu restaurante. Para que los huéspedes disfruten de una gran experiencia, dales siempre una hora lo más precisa posible.

"Volveré en cinco minutos", solía decir mi compañera Sheryl. Y todos nos reíamos. Sheryl no volvía en cinco años. Bueno, por lo general tardaba quince minutos. Sheryl había estado en este restaurante más tiempo que la mayoría de los meseros, pero no era nuestra gerente o supervisora. "¿Puedes cubrir mi sección? Vuelvo en cinco minutos ". Claro, Sheryl. Los compañeros empezaron a mirarla con disgusto. Podría parecer que Sheryl se estaba aprovechando de nosotros o que no sabíamos leer un reloj. No seas como Sheryl. Tómate tu descanso y tómate los minutos exactos que has dicho. Todos sabemos cómo decir la hora; todos tenemos relojes. Nadie se llama a engaño cuando llegas más tarde de lo que dijiste. Los compañeros sencillamente empiezan a pensar que te estás aprovechando de ellos, y eso puede generar resentimiento. Lo que no es bueno para el trabajo en equipo.

Estos aspectos de la gestión de los tiempo son importantes cuando se trabaja con un equipo y se atiende a los huéspedes. Siempre surgen problemas en torno al tiempo. Cuanto más te esfuerces en gestionar bien tu tiempo, más rápido crecerán tus aptitudes. A la vez que mejoran tus relaciones con los compañeros de trabajo, jefes e invitados.

Barberos y céspedes delanteros

Cuando era niño, mi hermano y yo podábamos el césped como parte de nuestras tareas. Un día, mi padre trajo a casa una desbrozadora manual. Yo no tenía idea de qué era aquello. Parecía un arma sacada de Juego de Tronos. Un dispositivo afilado, montado en una rueda, conectado a un mango como de escoba o rastrillo. Por mi parte, a los once años de edad, no tenía ganas de que la tarea fuera aún más complicada. Y me decía que esta tan afilada herramienta me robaría tiempo para jugar. Pero vi a mi padre manejarla y advertí que todo iba muy rápido. Mi papá empuñó el artefacto y lo hizo rodar allí donde el césped se encontraba con el caminillo de hormigón. Y segó todas las malas hierbas pegadas al borde del caminillo.

No estoy diciendo que me entraran ganas de ponerme a manejar aquel cacharro, pero su utilidad me quedó clara de inmediato. El césped de pronto tenía mucho mejor aspecto: uniforme por completo. Ya lo habíamos segado antes, pero su borde ahora aparecía recortado con nitidez. De forma rectilínea, preciosa. Mi hermano y yo echamos mano a la desbrozadora y nos pusimos a segar los céspedes del vecindario, y tengo claro que los vecinos nos contrataban porque teníamos aquella máquina. Todos quedaban contentos con nuestra forma de retocar el césped.

Muchos, muchos años después, estuve pasando unos días en casa de mi amigo Tim en Flatbush, Brooklyn. Por entonces llevaba el cráneo rasurado, lo que venía bien en mitad del verano, caluroso y húmedo. Era la primera vez que llevaba el pelo tan cortísimo, lo que me obligaba a ir al barbero con más frecuencia. Encontré una barbería en el barrio de Tim y entré, pedí un corte y me senté. Daba por sentado que el corte no llevaría más allá de cinco minutos, lo que le había llevado al último barbero que había visitado, en Broadway en el Bajo Manhattan. La parte superior de la cabeza al tres, las sienes al dos, un pequeño retoque final, y punto. Pero este profesional de Brooklyn tardó treinta y cinco minutos en rasurarme la cabeza.

> **Es cuestión de mantener limpia el área junto a la caja o la máquina del café. Las mesas alineadas, las sillas a juego en cada mesa.**

Se tomó su tiempo en la preparación, el degradado y las líneas del corte. Con suma precisión. La línea del cabello en la frente, en torno a las orejas y por el lado del cuello hasta la parte posterior del cuello, la línea que cruza la parte posterior de mi cabeza y hacia arriba y alrededor del otro lado. Su cara, severa y concentrada, a veces estaba a un palmo de la mía. Cambió de tijera varias veces: con la mano tranquila, con movimientos lentos y medidos. Sin decir una sola palabra. Sin charla de ninguna clase. El hombre estaba metido en faena.

Yo me decía que la sesión estaba prolongándose más de lo pensado, pero un corte de pelo por doce dólares es buen negocio, así que dejé al barbero a su aire.

Cuando llegué a casa, me miré en el espejo y aprecié bien mi pelo cortísimo. ¡Qué demonios, nunca me lo habían cortado tan bien! ¡Y mi rasurado luego me brindó muchos cumplidos!

Muchas veces he pensado en aquella desbrozadora, en este corte de pelo. Me acordaba de ellos al trabajar en los restaurantes. ¡Me enseñaron que, en el servicio, la correcta alineación tiene su importancia! Como sucede con un corte de pelo al milímetro, la exacta combinación del maquillaje de ojos en los ojos izquierdo y derecho, o un par de zapatos bien limpios y lustrados. Todos sabemos lo que es la simetría y la organización. Y nos hacemos una idea de lo importantes que son.

Hemos de prestar especial atención a este concepto en nuestro entorno de trabajo. Para que los huéspedes tengan claro que estamos preparados para servirlos y cuidarlos Es cuestión de mantener limpia el área junto a la caja o la máquina del café. Las mesas alineadas, las sillas a juego en cada mesa. Por eso servimos los cubiertos la manera correcta cada vez y por eso colocamos el café o bebida en la mesa con esmero, con el logotipo de la empresa en la taza o vaso siempre frente al comensal.

Esto se traduce en cómo te presentas con un uniforme limpio, o si no tienes un uniforme, un atuendo limpio. He estado en distintos cafés del tipo informal, para hipsters, donde se respira un ambiente bohemio y relajado. Pero los que tienen éxito son los que a la vez hacen gala de gran servicio, atención al detalle y limpieza.

Cada detalle supone una gran diferencia. Y, lo mismo que cortar el césped, lleva menos tiempo de lo que piensas. Lo sé, crear simetría y orden en tu estación de trabajo al principio puede parecer rígido y fastidioso, pero cuanto más lo haces, más se convierte en una segunda naturaleza. Y al hacerlo transmites al huésped que lo estás cuidando como tiene que ser. Que pones atención. Eso es lo que te convierte en un profesional del servicio.

4

UNA VEZ CONTRATO

UNA VISIÓN GENERAL DE LO QUE SE PUEDE ESPERAR

Día 1

Cada establecimiento es diferente, pero aquí hay algunos consejos a tener en cuenta para tu primer día de trabajo. PRESTA ATENCIÓN a cualquier correo electrónico o conversación telefónica que tengas antes de llegar el primer día. Es importante que entiendas claramente y anotes por escrito las instrucciones que te den. Te conviene traer todo aquello que te pidan. Algunas cosas a tener en consideración:

- **Planifícalo todo bien para llegar a con puntualidad.**
  - Calcula el tiempo de desplazamiento en bicicleta, coche o transporte público
  - La duración del trayecto puede ser diferente dependiendo del día de la semana, la hora del día o el tráfico
  - Por mi parte, me gusta llegar diez minutos antes para asegurarme de que estoy listo
- **Vístete de manera similar a como te vestiste para la entrevista, a**

menos que te indiquen lo contrario.

- **Ten claras tus tallas personales para los uniformes: talla de camisa, talla de pantalón, talla de sombrero...**

- **Lleva contigo tu verificación de elegibilidad de empleo, necesaria en la mayoría de los casos.**

    ◦ **Un documento de identidad o pasaporte emitido por el estado o el gobierno**

    ◦ **Una licencia estatal actual**

    ◦ **Tarjeta de la seguridad social o certificado de nacimiento**

- **Si corresponde, lleva contigo un certificado de manipulador de alimentos válido.**

- **Asegúrate de que tus documentos de identificación y certificados estén actualizados y NO han caducado.**

- **Lleva contigo información bancaria: tus números de cuenta en caso de pago por transferencia, si es la opción más conveniente.**

- **Lleva contigo un bloc de notas o un cuaderno sencillo con un bolígrafo. Recibirás mucha información en tu primer día, así que prepárate.**

- **Usa zapatos cómodos y, si corresponde, una redecilla para el cabello.**

- **Prepara el almuerzo o la cena: no des por sentado que la empresa te dará de comer.**

- **Pon tu teléfono en silencio antes de entrar por la puerta.**

La formación

Una vez contratatado, lo normal es que te proporcionen una descripción pormenorizada de la carta o menú, para que la tengas presente en todo momento. Quedátela y llévala contigo. Haz una fotografía, grábala en el teléfono, lo que sea. Comienza ahora.

La formación dependerá del restaurante y de la dirección. La mayoría de las veces, recibirás capacitación en informática y en alimentos y bebidas. Esto será durante el servicio con el personal y también se podría hacer a través de tutoriales informáticos. Las expectativas en la mayoría de los lugares son las mismas. Apréndelo todo rápido y bien para que puedan ponerte al día rápidamente. La formación puede llevar dos semanas, así que prepárate y concéntrate.

El ordenador

La mayoría de los artículos en un restaurante se ingresan/solicitan por medio de un sistema informático llamado POS (sistema Point of Sale, o "Punto de Venta"). Hay sistemas de mayor capacidad como Micros, Aloha y Squirl. Un sistema POS también puede funcionar a través de una tableta, teléfono u otro dispositivo móvil. Square, Clover y Toast son algunos de los que he visto en estos dispositivos. Este tipo de POS tiene algunas prestaciones más, con pantalla táctil, y permite a los clientes deslizar una tarjeta, añadir una propina o proporcionar una firma. Como empleado de barra, al usar este sistema, puedes encontrarte con diversos tipos de comanda:

- Un pedido que anotas y se transmite a la cocina para que su preparación.

- Una comanda que anotas y se transmite al barista para que la prepare.

- Una comanda que anotas y preparas tú mismo o con un

compañero.

La revista

A veces se también llamada "desfile" , se trata de una reunión previa al próximo turno, un pequeño encuentro que dura entre tres y diez minutos. Por desgracia, los restaurantes más informales con frecuencia omiten estas revistas, porque no hay un cierre oficial del restaurante y siempre hay que estar con un ojo puesto en la barra o la sala. La revista sirve para concentrarse en el siguiente turno y verificar alguna que otra información. Por lo general involucra al personal, al gerente y al chef, pero puede incluir solo a dos personas.

La información a debatir puede incluir:

- **Asignaciones de puestos para el turno si no se han asignado previamente**
- **Los platos y materias primas que se han agotado pero siguen constando en la carta/tablero de menú**
- **Cualquier ingrediente o materia prima que esté a punto de agotarse (con posibilidad de que lo hagan durante el próximo turno)**
- **Cualquier artículo que sustituya ciertos ingredientes en lugar de los que se han agotado**
- **Nuevos elementos del menú y sus descripciones**
- **Elegir algunos puntos específicos de servicio en los que centrarse durante este turno**
- **Seleccionar objetivos de ventas para el turno y compartir tácticas de venta**

- Compartir notas positivas o comentarios con el equipo

- Compartir comentarios constructivos de los huéspedes o la propiedad con el equipo

- Si hay algún dispositivo averiado, con posibilidad de que afecte al equipo y a los comensales

- Si hay poco personal, cómo se las arreglará el equipo con un miembro menos para el turno

Queda claro que es posible hablar de muchas cosas en un corto período de tiempo. Es un momento para concentrarte en tu turno y formular cualquier cuestión que necesites aclarar. Y para cambiar el chip y ponerte en el modo de servir a los huéspedes. Si en tu lugar de trabajo no se hacen revistas previas, aún debes responder algunas de estas preguntas por ti mismo, sobre todo las concernientes a los elementos de la carta que se han agotado o que no se han cambiado en el menú o el tablero. Forma parte de tu preparación para atender a tus huéspedes. Lo último que quieres es decirle a un huésped lo buenísimo que es un plato, para luego mirar hacia abajo y darte cuenta de que se ha agotado. Porque proyectas la impresión de que no sabes hacer tu trabajo.

Alergias

Es fundamental que prestes atención a las alergias comunes y su relación con determinados platos. Escucha a los huéspedes y transmite cualquier alergia específica al chef, cocineros o compañeros relevantes. No te interesa cometer errores con las alergias. Anótalo bien en el ordenador para cada plato que pida el huésped. Si la comanda la anotas a mano, asegúrate de escribir con claridad para que la cocina pueda leer la advertencia. Un detalle muy apreciado: mencionar el alérgeno al huésped cuando le entregues la comida. "Aquí está su ensalada de primavera sin nueces". Cuando se trata de café, también resulta oportuno subrayar que es descafeinado si eso fue lo que pidieron. Hay personas con reacción alérgica a la cafeína.

El dinero

Eventualmente estarás trabajando en la caja registradora. **Cualquier cosa que tenga que ver con el dinero y el pago exige toda tu atención.** El negocio entero depende de esto. Debes recibir una amplia capacitación sobre las políticas de registro y manejo de efectivo. Si no sabes algo o surge un problema del que no estás seguro, ¡pregúntale a alguien! Pregunta de inmediato; no "cuando tenga un segundo". He visto a personas que se ponen a manosear el teclado sin ton ni son: pulsan la tecla errónea y borran cuatro horas de pagos. La mayoría de las empresas tienen clara la importancia de la capacitación en esta área, pero presta máxima atención a todo lo relacionado con el registro y los pagos. No te pongas engreído y no seas tímido a la hora de pedir ayuda si no estás seguro.

Tomar el pedido

Un aspecto importante de trabajar como cajero/servidor de barra es que también debes estar al tanto de la parte trasera de la casa. (Tradicionalmente, en los restaurantes de servicio completo con mesas y sillas, "la parte trasera" denota la cocina y sus empleados, mientras que "la parte delantera" se refiere a todas las personas que trabajan directamente con los huéspedes, por ejemplo: cajeros, anfitriones, meseros y asistentes de camarero en general). La mayoría de los restaurantes de servicio en mostrador no aceptan reservas, por lo que no hay forma de determinar cuántos visitantes vendrán en un momento dado. Eres la primera persona en interactuar con el huésped y verás si el restaurante está al borde del colapso. Te acostumbrarás a los tiempos de cocción y tendrás una idea general de cuánto tiempo lleva la cocina en determinados turnos concurridos. Pon atención y comunícate con tus compañeros de trabajo y tu encargado para que los huéspedes reciban sus comidas de la manera oportuna. Recuerda, es un esfuerzo de equipo. Te interesa ayudar a la cocina, asegurarte de que no se vean abrumados y aprender a manejar los tiempos. El trabajo en común lleva al éxito.

> **Las alergias alimentarias aumentan a medida que hay mayor número de ingredientes. Conoce bien el menú, escucha atentamente, comprueba con el huésped y asegúrate de que la información llega correctamente al ordenador.**

Detalles del pedido

Hacer el pedido correctamente es fundamental. Para garantizar un flujo constante de servicio, asegurarse de que la cocina tenga el orden exacto y garantizar que cualquier modificación por parte del huésped se comunique correctamente. Las modificaciones se dan por muchas razones. Las alergias alimentarias aumentan a medida que hay mayor número de ingredientes. Conoce bien el menú, escucha atentamente, comprueba con el huésped y asegúrate de que la información llega correctamente al ordenador. Eres la cara del restaurante y necesitas mantener la calma y la gracia sin importar lo ocupada que esté la fila. Te acostumbrarás al ritmo y la velocidad a la que funciona mejor el restaurante. No te agobies demasiado cuando empieces en un nuevo puesto. Si te sientes abrumado por el trabajo, siempre puedes avanzar en el libro y consultar la sección titulada El reseteado

Compruébalo todo por duplicado

Repite siempre el pedido a tus huéspedes y compruébalo siempre antes de pulsar Enviar. Esto es algo que he escuchado toda mi vida en los restaurantes. No hay nada más irritante para la cocina o los compañeros de trabajo que comenzar a preparar una comida o bebida para luego descubrir que se ingresó mal en el ordenador. Los errores ocurren, por supuesto. Pero haz lo posible por convertirlo en un hábito para cada transacción que realices en un ordenador. Siempre aclara el pedido con tus huéspedes y compruébalo antes de pulsar Intro o Enviar. Si estás trabajando en un mostrador para llevar, repite siempre el pedido de viva voz antes de entregárselo al huésped.

Al llevar la comida a la mesa

Si en tu restaurante se entrega al cliente un número de comanda, tú o un compañero de trabajo os encargareis de llevarle la comida a la mesa. Hablando en general, en esta clase de situación, debes asegurarte de tres cosas:

- **Cada plato tiene los elementos correctos.**

- **Todos los alimentos correspondientes al número de comanda están preparados y listos para la entrega. Pues no te interesa que un comensal tenga que esperar de cinco a diez minutos adicionales debido a un problema en la cocina. ¡Tener a todos comiendo en la mesa mientras una persona espera suele ser motivo de reseñas negativas en la red!**

- **Cuando dejes el plato en la mesa, siempre viene bien anunciarlo con claridad. Una regla general es decir el nombre del plato y uno o dos elementos principales en él. Por ejemplo, "Aquí está tu ensalada marroquí con bistec" o "Este es nuestro salmón a la parrilla con espárragos". Por tres razones: es una excelente manera de presentar la comida del restaurante definiendo los platos que vas a dejar, quieres asegurarte de que cada persona reciba el plato que pidió y te da la oportunidad de preguntar si puedes traer algo más para ellos.**

Dar una vuelta

Pasea siempre por el comedor y observa cómo disfrutan tus huéspedes de la comida y/o las bebidas. Yo lo llamo "dar una vuelta". Es vital para un buen servicio. Si alguien necesita algo (un condimento, una servilleta, más vino o café), tienes la oportunidad de hacerlo por ellos antes de que sea demasiado tarde. Puedes solucionar un problema si alguien está descontento con su bebida o plato. Haz lo posible por restablecer contacto con la mesa un par de minutos después de la llegada de los platos, cuando quizá ya están comiendo. Pregúntales qué les parece el café/pastelería/comida. Es un detalle de servicio que deja claro a tus huéspedes que te preocupas por su experiencia.

El trabajo adicional

"¡Jimmy siempre se olvida del trabajo adicional!" ¡No seas como Jimmy! Todo empleo en un restaurante implica trabajo adicional. Preparar cubiertos y servilletas, rellenar condimentos, cambiar servilletas, cambiar cubiertos, limpiar baños, asegurarse de que las mesas no se tambaleen, etc. La lista puede ser más larga dependiendo de la complejidad de la operación. ¡No dejes tu trabajo secundario para que lo haga otra persona! Siempre hay alguien que hace lo mínimo. Lo que crea resentimiento entre los compañeros. Y si crees que no se dan cuenta, te equivocas. Esto ha sucedido en todos los restaurantes en los que he trabajado. Es normal decirse que hay suficientes azúcares en el recipiente, suficiente jabón en el dispensador, suficientes servilletas en el soporte. Pero esa no es la cuestión. La pregunta es, ¿el azucarero está lleno? ¿Se ve lleno y listo para un comensal? No remolonees y dejes el trabajo adicional para la siguiente persona. Si efectúas tu trabajo complementario de forma completa y rápida, tu equipo te lo agradecerá.

Los tiempos muertos

Mi amigo Gio tenía un letrero en su restaurante, "Qué hacer cuando no hay nada que hacer". Abajo había un listado con diversas tareas, "Dobla las cajas, revisa los suministros para llevar, estudia los ingredientes del menú, etc." Es importante realizar algunas de ellas mientras esperas a que los huéspedes se acerquen al mostrador. Es mejor que parecer aburrido o contemplar la nada petrificado ante la caja registradora. Un problema ocasional de esta multitarea es que puedes quedarte absorto en la labor de turno y olvidar el propósito principal, que es la experiencia del huésped. Cuando un visitante se encuentre cerca, te interesa dejar tu tarea, tu trabajo secundario y prestar toda tu atención al huésped. Es posible que disfrutes hablando con un compañero de trabajo mientras realizas el trabajo secundario, pero siempre asegúrate de tener un ojo puesto en el mostrador y dar prioridad a los clientes.

La limpieza

Las mesas sucias deben limpiarse de forma rápida y eficiente, sin hacer mucho ruido. Nunca causa buena impresión que una mesa esté sucia durante más de unos minutos después de que los comensales la hayan desocupado. A veces se marchan de inmediato, pero cuando no lo hacen, es necesario atender la mesa y limpiarla de forma rápida y exhaustiva, para que los siguientes huéspedes puedan usarla. Si se han utilizado cubiertos o platos, ten cuidado de no hacer demasiado ruido al retirarlos, para no molestar a los comensales que siguen comiendo en el restaurante.

Velamos por la seguridad de nuestros huéspedes y entre nosotros. En vista de la pandemia reciente, queremos que nuestros huéspedes sepan que la limpieza es una de nuestras máximas prioridades. Los restaurantes siempre han tenido esta prioridad en lo que respecta a la seguridad alimentaria, pero ahora cobra mayor relieve que nunca y las exigencias de los huéspedes son aún mayores. Asegúrate de lavarte las manos con regularidad, usa mascarilla cuando sea apropiado e intenta mantener un lugar de trabajo limpio. Algunas empresas tienen "cocinas abiertas", lo que significa que nuestros huéspedes pueden vernos mientras preparamos y ensamblamos los alimentos. En el aparatado titulado Seguridad voy a extenderme más sobre la cuestión de la limpieza.

5

Sizzler

EL PRIMER RESTAURANTE FAST-CASUAL

Comencé a servir mesas entre mi primer y segundo año de universidad. Una chica que estaba unos años por delante de mí mencionó que ganaba bastante dinero trabajando en un restaurante cerca de la universidad. Yo por entonces tenía diecinueve años y necesitaba un empleo paralelo a los estudios. Trabajé en Sizzler tres o cuatro noches por semana a lo largo de los siguientes tres años.

La reciente tendencia de restaurantes fast casual me ha llevado a pensar en este empleo de mi época en la universidad. Sizzler fue un local pionero en este snetido. La configuración era similar, pues los clientes hacían pedidos en el mostrador, recibían sus bebidas y se sentaban en el comedor. El camarero recogía el boleto, lo llevaba al fondo y lo ponía en el pase (la ventana a la cocina). Cuando el pedido con su número de boleto aparecía en la ventana, llevaba la comida a la mesa y se la anunciaba a los huéspedes, y luego traía cualquier otro artículo asociado con la comanda.

Sizzler tenía una regla estricta: había que volver a la mesa en los dos minutos posteriores a la entrega de la comida. Lo recuerdo, porque me pegaron una reprimenda cuando empecé a olvidarme de hacerlo. Quedaba claro que el trabajo no se limita a servirle el plato al comensal.

Era un sistema muy simple. Sizzler también tenía una gran barra de ensaladas, y los huéspedes podían comprar acceso a la barra de ensaladas o añadirla a sus platos principales. Mi trabajo como camarero de sala consistía en asegurarme de que la mesa estuviera preparada en detalle: se limpiaban los platos sucios, se rellenaban los refrescos y las aguas, se traían los condimentos y se atendían todas las solicitudes especiales. Si un invitado había pedido postre, los meseros, a la hora correcta, le daban los toques finales a un postre precocinado y lo llevaban a la mesa.

> **QUEDABA CLARO QUE EL TRABAJO NO SE LIMITA A SERVIRLE EL PLATO AL COMENSAL.**

En retrospectiva, creo que Sizzler garantizaba que el visitante tuviera una muy buena experiencia gastronómica desde que hacía el pedido en el mostrador hasta que se iba por la puerta. Sizzler podría simplemente haber dejado que la gente se valiera por sí misma sin el concurso de un mesero. El local bien hubiera podido prescindir de un camarero de mesa, pero los clientes apreciaban que alguien les prestara atención, se ocupara de sus necesidades y se interesara por su satisfacción en general. Por eso la gente volvía. La mayoría de nuestra clientela estaba formada por viejos conocidos.

Para un estudiante universitario era el mejor trabajo del mundo. Estaba sirviendo a personas de todos los ámbitos de la vida. Acababa de mudarme a Los Ángeles desde una pequeña ciudad de diez mil personas. Era un privilegio trabajar con un grupo humano muy bueno, con intereses y actividades paralelas. Un estudiante graduado, un taquígrafo judicial recién contratado que aún no tenía suficientes horas de trabajo en los juzgados, una madre soltera, una chica algo mayor que yo que estaba estableciendo un negocio de joyería, un hombre de unos treinta años que necesitaba unos cuantos dólares adicionales para pagar una hipoteca.

No pude encontrar mejor local para debutar como camarero de sala. Sizzler tenía un sistema de capacitación fácil de seguir, instrucciones claras de servicio, consejos para mostrarte positivo, establecer contacto visual y sonreír. El objetivo era que todos los huéspedes tuvieran una gran experiencia gastronómica mientras estaban en el restaurante.

6

Cómo destacar en el trabajo

Desafíos personales, saber lo que vende y dirigirse a las personas por su nombre

Hay algunas cosas que desde el primer momento me ayudaron a sobresalir el sector de la hospitalidad. Siempre he buscado formas de mantenerme interesado en las tareas diarias, así como para destacar entre los empleados que pasaban por allí. Tienes que tomar decisiones que te mantengan concentrado en tu trabajo. Desafiarte a ti mismo todos los días te mantendrá en ascenso, y la atención a los detalles hará que tus gerentes y comensales te miren con mejores ojos. Aquí hay tres puntos clave en los que siempre me he centrado.

Ponte a prueba

Una vez que hayas conseguido tu trabajo y hayas pasado por la capacitación, tienes que tomar una decisión. Puedes mantenerte en el mínimo común denominador o puedes hacer que tu trabajo signifique algo para ti. No siempre es fácil ajustarse a un nuevo puesto o rol y todas las tareas asociadas con su ejecución. Y, a menudo, estos roles requieren automotivación. Siempre he sido de la opinión de que lo que pones en el trabajo, lo sacas. Por eso encuentro fundamental dotar al trabajo de significado personal y marcarte metas personales a lo largo de la jornada. Cualesquiera que sean tus metas y objetivos en tu vida (como pagar tus cuentas, perseguir tus sueños, entrar en conexión con otros), no son incompatibles con los objetivos y metas en el trabajo. La diligencia es una cualidad encomiable que siempre llamará la atención en tu trabajo, pero trabajar de forma inteligente es lo que revoluciona dicha diligencia, te hace eficiente y te lleva mucho más allá que al resto.

Dependiendo del tamaño de la empresa, vas a encontrarte con una amplia gama de empleados que tienen sentimientos encontrados sobre su labor y el negocio en general. Algunas personas estarán felices de trabajar en el sector, algunas irán tirando, algunas serán infelices y otras estarán directamente deprimidas. He visto toda la gama, a menudo bajo un mismo techo. Cuando comienzas en un nuevo trabajo, tienes una oportunidad única que puede llevarte por uno de dos caminos. Puedes alinearte con la multitud infeliz y quejumbrosa, o puedes alinearte con las personas que parecen disfrutar trabajando en este campo de la hostelería. Es una encrucijada a la que muchas veces llegarás en tu vida laboral.

No soy de los que consideran que uno ha de estar feliz y contento en todo instante. Créeme. He tenido mis altibajos. Forma parte del trabajo. En uno u otro momento sentirás todas las cosas que mencioné anteriormente, y eso está bien. Forma parte de la experiencia humana y, ciertamente, de la experiencia laboral. Lo que me gustaría que supieras es que hay algunas personas con las que trabajarás que elegirán ser infelices en su situación laboral, en lugar de seguir adelante. Si no estás contento o te tomas tu ocupación con cierta displicencia, es de esperar que con el tiempo des con algo que haga que el trabajo sea más interesante y agradable para ti.

Trabajé con un tipo, Michael, quien, cada vez que le preguntaba cómo le iba el día, respondía: "Otro día, otro dólar". Michael era un compañero aceptable. No estaba amargado. Hacía su trabajo. No era muy entusiasta a la hora relacionarse con la gente y le gustaba estar muy concentrado en sus propias tareas. No tenía gran visión de conjunto sobre lo sucedía a su alrededor. Michael no era el mejor candidato para una posición de cara al cliente que implicaba saludar a los huéspedes, pero era lo que había. Se notaba que no estaba contento sirviendo mesas y que solo se encontraba allí para cobrar un salario. Era difícil mantener al equipo optimista cuando se encontraba en el local, porque suponía un pequeño lastre en el servicio.

La hospitalidad no es un trabajo de "otro día, otro dólar". Ni por asomo. Este trabajo requiere más de ti que eso, y es importante tenerlo claro desde el primer momento. Cuando se nos pide que nos relacionemos con nuestros huéspedes, debemos aportar cierta energía y sentimiento sobre nuestro trabajo a esa experiencia todos los días, en todo momento. La buena formación permite que una jornada difícil sea un poco más luminosa gracias a la relación con los demás. Siempre tendrás la opción de elegir con qué grupo de empleados quieres rodearte.

Por lo tanto, elige a tus héroes con cuidado. Cuando solía practicar deportes con más frecuencia, siempre elegía a alguien con quien jugar que fuera entre un 10 y un 15 por ciento mejor que yo, para aprender. Alguien que me obligaba a poner más ganas, a desafiarme a mí mismo a jugar mejor. No quería que me enseñaran en la cancha, pero tampoco quería aburrirme. Quería aprender, esforzarme un poco. Cuando empiezas en un trabajo, tienes ocasión de escoger un modelo –un héroe– y emularlo. El héroe no va a ser de los que dicen "Otro día, otro dólar", como hacía Michael. No va a ser uno que se diga: "Este lugar es horrible, pero así son las cosas". Encuentra a alguien que realice un trabajo excelente, contento de estar allí y sobresaliendo en la posición que tiene o desea. Emula a los empleados que parecen estar haciendo bien su trabajo, sin ahorrar esfuerzos mientras murmuran: "Se supone que no debemos hacerlo de esta manera, pero honestamente, es más fácil para mí y los invitados ni siquiera lo sabrán". Elige siempre a la persona que admiras y de la que crees que puedes aprender más. Siempre apunta hacia arriba

Ten claro lo que vendes

Hace poco estuve en un restaurante con unos amigos. Una de ellas, Liza, preguntó al camarero cómo estaba preparado el salmón, y el mesero dijo: "Eh... Bueno...está cocido. Viene con, eh, verduras, y creo que hay un limón en el plato. Creo que es un limón Meyer". No era la mejor explicación del mundo, desde luego. Un poco inseguro con tanto eh y tanto "creo que". Me recordó lo sucedido en una conocida cafetería hace muchos años cuando pregunté qué era un macchiato y el cajero dijo, después de una pausa: "Creo que es como un café con leche, pero más pequeño".

No soy tan estricto, pero cuando entro en un restaurante doy por sentado que el personal conoce los platos que sirve. Así es como nuestras empresas ganan dinero. La empresa vende un producto. Todos somos vendedores que vendemos el producto para las empresas para las que trabajamos. No te interesa ser de esos camareros que se ven obligados a leer la carta al comensal porque no recuerdan lo que hay en ella. Si no sabes lo que estás vendiendo, ¿qué haces aquí? Tienes que saber lo que vende tu empresa. En detalle. Es un aspecto crucial del trabajo.

Si me compraras un auto y me preguntaras si el auto tiene tracción en las cuatro ruedas, y yo dijera: "Creo que sí", probablemente dirías: "Bueno, ¿lo tiene o no?" Y luego tendrías que ir a revisarlo en persona. No voy a inspirarte gran confianza, ¿verdad? Incluso podrías pensar que estoy inventando cosas. Simplemente no causamos buena impresión a nuestros huéspedes cuando nos aturullamos y no sabemos qué es exactamente lo que vendemos.

Si vinieras a comprarme un videojuego y me preguntaras: "¿Es este el que tiene los castillos dorados en los que vuelo en mi Skyhawk?" y yo respondiera: "Eh, creo que sí", probablemente me mirarías con desconfianza y pensarías: "No voy a gastar cuarenta dólares en esto hasta que esté seguro de que es lo que quiero". Tal vez me pedirías que le preguntara a mi jefe u otro asociado que realmente conociera el producto.

No siempre tienes que conocer todos los detalles precisos. Van a darse momentos en los que no sabrás esto o aquello, y lo más indicado es decirle a tu huésped: "Lo cierto es que no lo sé, pero ahora mismo pregunto y te digo". Es una respuesta clara, en la que te comprometes a algo. Y siempre puedes ir a preguntarle a alguien que tenga esa información. Saber de lo que estás hablando es tranquilizador para el comensal y genera confianza. Si te gusta una bebida o alimento en particular y puedes recomendarlo en detalle a un cliente, y le gusta, puedes estar seguro de que te pedirá consejo en el futuro. Es una de las formas en que construimos relaciones en la hospitalidad.

En su momento trabajé con mi amigo Jason, un camarero de sala que era un fenómeno a la hora de vender los vinos de la casa. Trabajamos en un restaurante de tipo íntimo en Santa Mónica con una carta de vinos que tenía más de tres mil caldos. Gigantesca de veras. Cuando yo llegaba, Jason siempre estaba estudiando la carta de vinos durante al menos diez o quince minutos antes del turno. En la parte posterior también tenía una carpeta con recortes y extensas anotaciones sobre vinos, hechas de investigar en la pantalla del teléfono o hablar con otros camareros experimentados. Jason era genial con los comensales y siempre tenía una buena explicación a mano, detallaba a un huésped por qué le gustaría cierto vino, le venía con una anécdota divertida al respecto y terminaba por razonar por qué combinaría bien con el plato que pedía.

Yo tenía confianza en él, pues había estudiado el tema a fondo. Y cuando Jason no estaba seguro de la calidad de un caldo, no dudaba en preguntarle a algún otro camarero con mayor conocimiento sobre determinada denominación de origen. Lo más curioso era que Jason no bebía alcohol, y desde mucho antes de ponerse a trabajar en la restauración. Lo que sí tenía era sed de conocimiento y experiencia en lo que vendíamos en nuestro restaurante. Estudiaba todo a fondo. Estaba preparado. Lo que le permitía ser amigable y simpático al tratar con una mesa, venderles sin problemas una botella de vino que salía por trescientos dólares. De forma repetida.

Las cartas de los restaurantes siempre cambian, y más ahora que los comensales esperan encontrarse con platos estacionales y especiales. A medida que se lanzan estos nuevos productos, tus jefes van a dar por sentado que aprenderás y recordarás cuáles son esos platos precisos. Durante años hice uso de una pequeña grabadora para describirlos y escuchar las descripciones más tarde en el coche o en el autobús de camino al trabajo. Grababa descripciones de los nuevos platos, bebidas y ofertas especiales. Al entrar a trabajar en un nuevo local, trataba de obtener fotos (o tomarlas yo mismo, si me lo permitían) porque tiendo a recordar más rápido si tengo una foto para mirar mientras memorizo. Las tarjetas didácticas siempre han sido de ayuda.

Este es un libro sobre el servicio al cliente, la experiencia de los huéspedes, y en qué se puede mejorar. Pero nunca conviene olvidar que en último término somos unos vendedores que comercializan el producto proporcionado por nuestra empresa. Si conoces bien tus productos, puedes hacer que la experiencia de los comensales sea mejor, establecer excelentes relaciones y conseguir que vuelvan.

Los nombres de la gente

Nunca he sido una de esas personas con gran aptitud para recordar nombres. Pero sí que me acuerdo de las caras y las historias. Puedo recordar la cara de una persona, su equipo deportivo favorito, de dónde es, la bebida que siempre pide. Todas las personas tienen sus puntos fuertes en este sentido. Mi maestro de décimo grado, el Sr. Morrish, conocía los nombres de cada uno de sus alumnos desde el segundo día. Se divertía al contarnos dónde se sentaban nuestros hermanos y hermanas cuando estaban en su clase... ocho años antes. No hay que decir que nos dejaba asombrados.

Tiene sentido que los maestros sean buenos con los nombres, ya que su objetivo es establecer conexión con los alumnos cuanto antes. Por mi parte tengo claro que respondo bien a las personas que recuerdan mi nombre. Me hace sentir más cómodo, pues al momento se crea un sentimiento de familiaridad, que me lleva a sentirme vinculado al otro. Usar el nombre de la otra persona de forma natural es uno de los elementos de interacción más importantes en la hostelería. Al dirigirte al huésped por su nombre consigues que se sienta mimado y atendido, no ya otro más perdido en un mar de personas.

A menudo, los comensales te darán su nombre cuando lo solicites para su pedido. Es cosa de todos los días. No solo es amable y específico en relación nuestro cliente, invitado o compañero de trabajo, sino que tratar al otro por su nombre siempre es mejor que los consabidos "Hola", "Disculpe" o "Usted, el seguidor de los Flyers" (si viste una camiseta con el emblema del equipo de Filadelfia). Por supuesto, "Disculpe, señor" o "Disculpe, señorita" son excelentes opciones si no se sabe el nombre del huésped. Pero si el visitante te da su nombre, intenta usarlo. Es un punto esencial que se olvida de forma constante.

Sé, por mi propia experiencia, que he tendido a no usar el nombre de un huésped cuando:

- **Estaba seguro del nombre... pero no del todo**

- **Lo olvidé por completo**

- **No estaba seguro de la pronunciación**

Todos hemos estado en esta situación. No hace falta haber trabajado en hostelería para entenderlo. Así es la vida. Pasé años evitando los nombres de algunas personas por causa de uno de estos tres motivos. Por simple miedo. No quería tener que incomodarme o avergonzarme. Lo peor es la persona que siempre te llama por tu nombre y tú, torpemente, solo dices hola porque no recuerdas cómo se llama el otro. ¡Nos pasa a todos!

Siempre me olvido de que puedo volver a preguntarles su nombre. No hay un reglamento a este respecto. Aunque lo haya olvidado, tampoco es grave. Tómalo con calma. ¡Puedes volver a preguntarle a alguien su nombre! Todo el mundo entiende estas situaciones. Por mi parte, hoy día me aseguro de escribirlo en mis notas telefónicas o en papel después de que me lo hayan dicho por segunda vez, para poder consultarlo.

> **Usar el nombre de la otra persona de forma natural es uno de los elementos de interacción más importantes en la hostelería.**

¡Mi amigo Jeremy todavía no se dirige al vecino por su nombre, porque no puede recordarlo... y lleva diez años sintiéndose mal al respecto! (¿Y a quién no le ha sucedido?). Por su parte, el vecino de marras llama Jimmy a Jeremy. Mi amigo se abstuvo de corregirlo durante demasiado tiempo y se dice que ya es demasiado tarde. (Otra cosa que nos ha pasado a todos). Todos somos un poco raritos en lo tocante al uso, mal uso o no uso de los nombres. Recuerda, ¡está bien preguntar!

Recordar nombres es más fácil cuando dicho nombre aparece en la pantalla frente a tus ojos. En la comida rápida y el fast casual, es posible teclear el nombre del comensal en el ordenador para que salga en pantalla y otro miembro del equipo "cante" el nombre o el número del huésped. Siempre me sorprenden los restaurantes que usan sistemas de reservas como Resy, OpenTable u otro software que muestran el nombre del comensal en el ordenador, justo delante del anfitrión, y sin embargo no se dirigen a él por su nombre. Todas estas herramientas permiten conectar con el huésped. A la gente le gusta escuchar su nombre y disfrutar de ser reconocido como individuo, siempre y cuando lo hagas de forma natural.

Siempre puedes preguntar: "¿Cómo se llama usted?" o "¿Cómo te gustaría que me dirigiera a ti?" o "Tu nombre era..." Solo haz el esfuerzo de escribirlo y recordarlo para que no tengas que preguntarle a la misma persona su nombre varias veces. Al dirigirte a él por su nombre, el invitado entablará mejor conexión contigo, y eso es lo que buscamos: establecer una vinculación mientras le brindamos nuestro servicio.

7

Conseguir que la gente vuelva

Establecer una conexión y hacer que los huéspedes regresen

El ofrecimiento de un servicio consistente y atento hace que las personas vuelvan, y ese es un objetivo crucial para el propietario de cualquier negocio. Para mantener a los clientes, un empleador puede implementar varios métodos y programas, que quiero compartir contigo. En mi experiencia, la mejor manera de lograr la lealtad del cliente es establecer una conexión genuina con tus invitados.

La gran conexión

Debes tratar de conectarte, de ayudar a los demás. Puedo enseñarte esto, pero nunca viene mal que te salga de dentro, que te guste ayudar a los demás. Porque eso es lo que hacemos. Nos ponemos en contacto con otras personas, somos proactivos y tratamos de ofrecer una gran experiencia a nuestros huéspedes. Incluso si esa experiencia es una interacción de uno o dos minutos. Es lo que nos diferencia de otras industrias.

Doug Washington, un veterano de la hostelería de la zona de San Francisco, me contó una anécdota. Estaba haciendo entrevistas para contratar a personal en un restaurante y pensó en situar a dos personas mayores en la acera, mirando un mapa justo delante de la puerta del restaurante. Fingirían estar mirando el mapa y a uno y otro lado dando claramente la impresión de que estaban perdidos.

Todos los camareros que se presentaran a la entrevista de trabajo tendrían que pasar junto a estas dos personas para llegar a la puerta. Si alguien no se tomaba la molestia de preguntar si podían ayudarlos, podía ser indicio de que esa persona no tenía inclinación innata a leer una situación, ayudar a extraños y hacer lo posible por anteponer al prójimo. Cuando me contó esta idea, no había llegado a ponerla en práctica, pero la encontré interesante.

> **Siempre estamos volviendo a lo mismo, al concepto de servicio, a la conexión con huéspedes y compañeros de trabajo, al intento de cambiar vidas a través del compromiso con las personas. Contacto visual, una sonrisa cálida y un comentario reflexivo.**

Hay quien dice que es imposible inculcar a otros ese instinto de ayuda a los demás. Estoy en total desacuerdo. Entiendo que puede llevar tiempo y requerir mucho esfuerzo, pero que todos somos capaces de usar nuestra aptitud innata de educar a otra persona, pulirla un poco y convertir ese pequeño instinto en un don espléndido, útil para ayudar a los demás. Grandes palabras, lo sé. Pero he visto a tanta gente convertirse en increíbles profesionales del servicio... Claro, al principio eran un poco ásperos, como yo mismo, pero si tienes ganas de perfeccionar el arte de conectar con la gente, la hospitalidad es el sector idóneo para hacerlo.

Siempre estamos volviendo a lo mismo, al concepto de servicio, a la conexión con huéspedes y compañeros de trabajo, al intento de cambiar vidas a través del compromiso con las personas. Contacto visual, una sonrisa cálida y un comentario reflexivo. El empeño en conseguir una interacción, en lugar de una transacción poco entusiasta. Estas son algunas de las formas en que nos comunicamos con las personas para hacerles saber que están siendo atendidos.

Tal vez este sea el único momento en el día de un huésped en el que no tiene que cuidar a alguien, responder una pregunta, enviar un correo electrónico o hacer malabares con el horario de su hijo. Un breve momento donde puedan alejarse de su ordenador y oficina en casa y saludar a otro ser humano. Tenemos esta capacidad de influir de forma rápida pero consistente en la vida de nuestros clientes...día a día. Es un don increíble, el de ser capaces de hacer felices a otros. Si puedes seguir recordándote a ti mismo que debes establecer conexión con cada huésped por lo menos un par de segundos, esa vinculación no solo mejorará su día, sino probablemente también el tuyo.

¡Conseguir que la gente vuelva!

Uno de mis antiguos jefes solía decir: "¡Hay que conseguir que vuelvan!" Así es como funciona el negocio. Los dueños de restaurantes quieren dos cosas: que sus invitados regresen y que continúen comprando productos de su empresa y no de la competencia al otro lado de la calle. Y por eso idean tácticas para atraer a los huéspedes: mantener los precios competitivos, garantizar que los clientes se sientan valorados, brindar un gran servicio y seguir ofreciendo productos de calidad. Tres de estos se aplican directamente a nosotros, los empleados de barra y mesa. Los que estamos en la parte delantera, en primera línea.

> **LOS DUEÑOS DE RESTAURANTES QUIEREN DOS COSAS: QUE SUS INVITADOS REGRESEN Y QUE CONTINÚEN COMPRANDO PRODUCTOS DE SU EMPRESA Y NO DE LA COMPETENCIA AL OTRO LADO DE LA CALLE.**

Antes de que existieran los programas de fidelización, las reglas no podían resultar más sencillas: ser amable; ser acogedor; satisfacer las necesidades de los clientes;

y tener precios justos. Me sorprenden las empresas que han olvidado estos principios y los han reemplazado con una tarjeta perforada para una bebida gratis. Como si el señuelo de un café gratuito fuera suficiente para hacer que el cliente vuelva un día tras otro. No se trata de eso. No nos llamemos a engaño. Debes ofrecer un gran servicio de forma consistente, y si combinas una opción de fidelización, genial.

Algunas empresas fidelizarán a los huéspedes ofreciéndoles descuentos o incluyéndolos en una lista de correo electrónico para notificarles las ofertas. Motivo por el que algunos jefes pueden requerir que solicites el número de teléfono, correo electrónico o número de recompensas de cada comensal. Para pedir a los clientes que se unan a un programa de fidelización. El propósito de programas como este es que los clientes reciban notificaciones de nuevos productos, rebajas, ofertas especiales y ofertas de temporada. El objetivo final es hacer que se sientan valorados y hacer que vuelvan.

Los propietarios y los equipos de marketing dedican mucho trabajo a los anuncios dirigidos o a la publicidad. Es posible que detrás de un nuevo producto alimenticio o bebida haya meses de trabajo en desarrollo y comercialización. El trabajo del servidor del mostrador es impulsar ese nuevo producto hacia nuestros huéspedes, para que sepan que siempre estamos tratando de ofrecerles productos nuevos y de calidad. Tu empresa quiere ofrecer nuevas experiencias a sus huéspedes. Es un esfuerzo grupal tener una empresa exitosa, y es importante ver cómo encaja tu rol en el panorama general.

SER ACOGEDOR; SATISFACER LAS NECESIDADES DE LOS CLIENTES; Y TENER PRECIOS JUSTOS.

La competencia siempre está tratando de llevarse a tus clientes. En las ciudades más grandes hay competencia en cada esquina. Las cafeterías están por todas partes. Abren en la misma manzana de casas, en el mismo barrio. La comida rápida y los restaurantes de comida rápida informal abren todo el tiempo, a diez metros o a cien metros de tu propio establecimiento. Piensa en los otros tipos de negocios con competencia cercana: tiendas de comestibles, bancos, gasolineras, bares, farmacias, tiendas de electrónica...¿por qué alguien elegiría volver a nosotros? Cuando los propietarios y gerentes te dicen: "Has de conseguir que vuelvan", son muy conscientes de lo fácil que es para un cliente girar a la izquierda un día, percatarse de un nuevo local y no volver a entrar en tu establecimiento nunca más.

La consistencia del servicio también es un factor clave. Las jornadas de trabajo en los restaurantes pueden ser largas. Es fácil mostrarse simpático en la primera mitad del día y que nuestra simpatía decrezca a medida que la jornada va agotándonos. No podemos hacer eso en la hospitalidad. Necesitamos aportar nuestra energía de manera consistente durante el turno de ocho horas. Un huésped que llega a las cuatro de la tarde debe recibir la misma energía y atención optimista que recibiría si llegara a las ocho de la mañana. Es un desafío, en todos los restaurantes. La caída del ánimo a media tarde, el personal exhausto al final de la noche, en "los minutos de la basura". Si puedes mantener tus estándares de servicio de manera constante durante tu turno, estarás haciendo lo correcto para que tus invitados regresen.

Recientemente, mi amigo Joe, que trabaja en un magnífico bar especializado en vinos, me dijo que le gusta agradecer a la gente desde el principio. Mientras se sientan para una degustación: "Gracias por venir". "Gracias por acompañarnos, lo apreciamos". Dice que es importante hacerles saber que realmente los aprecia y el hecho de que escogieran su bodega en lugar de las otras cuarenta que podrían haber elegido. No podría estar más de acuerdo. Apreciar a tus huéspedes es una de las mejores maneras de establecer una conexión con ellos, y en ese proceso, tu excelente servicio ayuda a crear un huésped leal para siempre. Di gracias y dilo en serio. Asegúrate de despedirte con un "hasta la próxima" y harás que vuelvan.

8

Aprender de nuestros errores

La importancia de la doble comprobación y de notificar todo lo que pasa

La doble comprobación

Un aspecto del servicio que constantemente ha frustrado mi capacidad para conectarme --y hacer que los huéspedes reciban lo que quieren-- es cometer errores con los pedidos. He mencionado el problema que supone hacer mal un pedido, y quiero abordarlo en más detalle. Una comanda errónea con frecuencia desencadena un efecto dominó que puede afectar a cada miembro del equipo y a la experiencia de los huéspedes. Vale la pena tener siempre presente esta cuestión clave, para evitar muchas molestias.

La comanda errónea puede deberse a varias razones. Para que no suceda más que en raras ocasiones, conviene:

- Conocer bien los elementos del menú

- Comprueba si en la cocina se quedan sin ciertos artículos y habla con un gerente para ajustar la carta o el menú en el sistema POS del modo adecuado.

- **No aceptes hacer modificaciones de un pedido que la cocina no pueda asumir**

- **Cuando realices un ajuste en un pedido, asegúrate de ingresarlo en el sistema POS de la forma correcta**

- **Siempre pregunta sobre las alergias de los huéspedes y anótalas, si corresponde**

- **Asegúrate de que el DESCAFEINADO efectivamente es un DESCAFEINADO**

- **Haz una doble comprobación del pedido con el huésped.**

Estos son algunos de los problemas que pueden ocurrir cuando la comanda errónea llega a la cocina:

- El camarero en el mostrador o la mesa se siente incómodo al advertir que el pedido es incorrecto

- El camarero u otro compañero se ve obligado a disculparse con la persona cuyo pedido fue mal anotado

- El gerente está obligado determinar si debe reembolsar al huésped su dinero (perdiendo dinero en el artículo incorrecto, así como en el artículo correcto que ahora va a regalarle al cliente)

- El huésped tiene que esperar a que su pedido se rehaga correctamente mientras sus compañeros de mesa ya están comiendo

- La cocina desperdicia producto y dinero

- La cocina tiene que rehacer una comanda

- **Los otros pedidos de cocina se demoran porque hay que rehacer dicho pedido**

- **Todo el mundo se ve obligado a esperar más tiempo**

Estas son las posibles consecuencias de una comanda errónea que no ha sido atendida adecuadamente:

- **El invitado tiene una mala experiencia gastronómica.**

- **El comensal que se mantiene a la espera ocupa espacio en la mesa más tiempo de lo normal, y otros comensales no pueden encontrar asiento libre, lo que aumenta los tiempos de espera.**

- **Las personas que lo acompañan ven que el restaurante ha hecho un pedido mal.**

- **El huésped está molesto y se abstiene de regresar al restaurante, dejando de hacer gasto.**

- **El cliente publica una mala evaluación en las redes sociales.**

Todos cometemos errores, claro está. Pero como puedes ver, un pequeño error puede afectar todas las áreas del restaurante. Por eso, es importante que conozcas tu menú, lo introduzcas correctamente en el ordenador y COMPRUEBES siempre tus pedidos con el huésped antes de pulsar Enviar. Y cuidado: una vez que ciertos huéspedes se tropiezan con un problema, su respuesta consiste en crear nuevas dificultades. El pequeño error aislado los lleva a mirarlo todo con ojo crítico. Es una pendiente resbaladiza, así que presta atención a los detalles y trata de no cometer errores cruciales.

Recapacitando

Siempre me ha parecido útil e imprescindible preguntarme a mí mismo o a nuestros equipos, ¿cómo me fue? ¿Qué tal lo hemos hecho? ¿Qué puedo hacer mejor? ¿Cómo puedo hacerlo un poco mejor la próxima vez que estemos desbordados, que algunos compañeros no puedan venir al trabajo o que tengamos un cliente descontento? Esto no siempre tiene que ser en una reunión de grupo rápida después del trabajo, honestamente, el tiempo generalmente no lo permite. La mayoría de los empleados se van yendo de forma escalonada hacia el final de la noche. El aspecto crucial de recapacitar es la conversación que tienes contigo mismo.

¿Puedo prepararme mejor para mañana? ¿Puedo trabajar de manera más eficiente o prepararme un poco mejor para cuando llegue ese momento inesperado? Es importante que la recapacitación ocurra tan pronto como finalice tu turno. Siempre es bueno tomarse un momento y escribir una nota o reproducir una situación mentalmente. Si esperas demasiado, te olvidarás de ello o, de forma natural, tu mente estará en otras cosas después del trabajo. Tómate un momento y piensa si hay algo que puedes hacer de manera diferente la próxima vez, para facilitar un tanto tu labor.

> **¿QUÉ TAL LO HEMOS HECHO? ¿QUÉ PUEDO HACER MEJOR? ¿CÓMO PUEDO HACERLO UN POCO MEJOR LA PRÓXIMA VEZ QUE ESTEMOS DESBORDADOS.**

En los restaurantes de servicio completo muy exitosos, la pequeña reunión al final de la noche resulta esencial. Claro, la gente está cansada, todos quieren irse a casa. Pero estos breves instantes de reflexión y dirección pueden ser de importancia decisiva. Tampoco llevan tanto tiempo. Pueden ser uno o dos minutos. También puedes tomar una anotación para ti o sobre algo que hablarás con tu equipo más adelante. Hazlo mientras está fresco en tu mente. Lo primordial es formular las siguientes preguntas: ¿Cómo puedo mejorar? ¿Qué podemos hacer mejor al reflexionar sobre el servicio diurno o nocturno del equipo? La respuesta está en los detalles.

PARTE 2

9

Jaymie Lao

Ex director de Café Experience - Go Get 'Em Tiger

Jaymie ha tenido una gran influencia en el sector de los cafés a través de su trabajo como formadora, coach de liderazgo y profesional del café. Se ha desempeñado como líder en cafeterías emblemáticas de Los Ángeles como Go Get Em Tiger, G&B Coffee e Intelligentsia.

Servicio

Has de tener interés en lo que sucede detrás de la barra, en los detalles de todo cuanto tiene lugar, incluso si no sabes cómo hacer café. [Necesitas] un interés genuino en el servicio, no solo en el producto, porque lo que distingue a muchas cafeterías es el servicio. No quiero decir que el café o el producto no importen, pero creo que todos en la industria compran café de muchos de los mismos proveedores. Entonces, la forma en que se destaca es: ¡o bien lo tuestas de manera diferente o mejor que otro establecimiento, u ofreces un servicio excepcional!

Leer la sala

La parte del trabajo más difícil es el componente humano. Es hablar con los clientes, hacer que la gente se entusiasme con el producto o, simplemente, comentar cómo les está yendo el día. Una vez que te conviertes en un experto en degustación, preparación de café y comprensión de lo que está sucediendo de principio a fin, puedes concentrarte de forma exclusiva en el servicio, en conectarte con quienquiera que esté a tu alrededor. Un cliente u otro compañero de trabajo, por si necesita ayuda o apoyo. Trabajar en equipo es como un deporte, ¿verdad? Debes leer la sala y percibir lo que cualquier persona en ella, ya sea cliente o compañero de trabajo, está haciendo en un momento dado.

Comentarios y críticas constructivas

La receptividad a los comentarios u críticas constructivas tiene mucho más peso que el currículum. Cuando escuchas a alguien hablar sobre sus experiencias pasadas, puedes tener una idea de... en el supuesto de que a su vez dejaran esta empresa, ¿cómo hablarían de nosotros a sus futuros empleadores, y es ese el tipo de persona adecuada para este local? Es muy importante que, como empleado, sepas aceptar los comentarios constructivos, y hacerlos también. Y es preciso capacitar a las personas en este sentido, formarlas en la crítica constructiva. No es cuestión de ser perfectos, pero la disposición a crecer escuchando opiniones ajenas tiene su importancia.

Baristatude

Es muy difícil encontrar un barista equilibrado. Alguien interesado tanto en el café como en el aspecto del servicio. Las personas a veces están tan absortas en la elaboración del café perfecto que se olvidan de la experiencia del cliente. Salta a la vista que algunos tan sólo están interesados en crear el café con leche perfecto, en la perfecta presentación, sin prestar tanta atención a lo que el cliente siente o piensa. Solo les interesa cómo se sienten ellos: realizados. Puedes sentirte realizado de diferentes maneras, pero no es de recibo que tan sólo lo consigas con ese café con leche perfecto. La hostelería ha de entusiasmarte en su conjunto. No todo se reduce al café con leche perfectísimo, pues corres el riesgo de convertirte en el estereotipo de un barista, en un individuo dispuesto a juzgar y a criticar va a juzgar, del que terminas alejándote con mal sabor de boca. Es un estereotipo, sí. Para completarlo, tan sólo falta el bigotón o las barbas, junto con la gorra de vendedor de periódicos a la antigua.

Pero si el servicio al cliente se te da bien, puedes vestirte como más te guste. Y si ya sabes cómo hacer café, mejor que mejor. Diría que nuestro sector en su conjunto hoy se centra más en el buen servicio, sin necesidad de explicar la denominación de origen de todos y cada uno de los productos, lo que también es importante, pero tal vez no sea lo que el cliente espera. A menos que lo pidan, ¿verdad?

Tener una imagen mental del espacio en su conjunto

En Go Get 'Em Tiger formamos al personal para que siempre tengan una visión del establecimiento en su connjunto, sin reducirlo todo al interior, teniendo en cuenta todo aquello que pueda influir en la experiencia del cliente. Si están caminando hacia el local, ¿hay basura en la acera? ¿La música es lo suficientemente alta, sin ser molesta pero sí atrayente? Dondequiera que se pueda interactuar con alguien, hay que tenerlo en cuenta y saber que el servicio puede extenderse hasta ese punto. Porque, de hecho, el servicio no comienza cuando entras por la puerta. El servicio en realidad empieza cuando entras en mi línea de visión.

Y si estoy parado en el patio del establecimiento en Los Feliz y te veo cruzar la calle o dejar a tu hijo en el Conservatorio de Música, tengo oportunidad de entablar una conversación que me permita saber lo que quieres incluso antes de que entres en este espacio. O tal vez eres alguien que siempre viene después de dejar a tu hijo, y puedo gritarles a mis compañeros más cercanos: "Oye, empieza ese capuchino ahora mismo". Y cuando entras, el capuchino está listo y esperándote. Es el tipo de servicio que me encanta brindar, y es una victoria tan fácil para todos... Cuando el personal ve que el cliente está contento, ha de sentirse motivado a continuar proporcionando esa clase de servicio del mejor modo posible, para todo el mundo.

Leer al cliente

No todos van a querer ese tipo de servicio, porque algunas personas no quieren tomar un capuchino todos los días. Hay que estar preparados, porque el cliente igual te sorprende y pide un té helado, ya que hoy hace calor. El truco está en leer la sala... Y en leer al cliente también.

El espíritu de decir que sí

Tienes que encontrar la manera de decir que sí. En el café puede ser un reto. Si alguien te pide un café con leche de cáñamo, y en la cafetería no la hay, es evidente que no le puedes decir que sí. Pero ahora sabes cuáles son las expectativas o necesidades del cliente. Quien te pide eso es porque evita los lácteos. Así que no recomiendes productos lácteos. Házle saber al visitante lo que puedes hacer por él. No es porque no quieras darles lo que quiere, sino porque literalmente no puedes crearlo. Trata de encontrar una manera de decir que sí, ofreciendo alternativas. Trabajar con el espíritu de decir que sí es fundamental en relación con los principios generales del servicio.

Decir que sí es uno de los principios de servicio más poderosos y también aterradores, porque cuando están abiertos a la interpretación, la gente viene a pensar que el empleado puede hacer todo lo que quiera, pero en realidad hay unos límites muy claros. Cuando dices que sí, estás comunicando cuál es la limitación y qué puedes hacer por ellos dentro de ese marco.

Autenticidad

El servicio viene de ti. En muchos servicios de mostrador, las cosas pueden sonar robóticas, llenas de frases prefabricadas. El mejor servicio es el que personalmente te resulta más natural. Es un principio de servicio muy importante.

Diferencia entres pasos y principios del servicio

Los principios del servicio no son necesariamente como los pasos del servicio. Una cosa son los pasos a seguir, para asegurarte de que la transacción se realiza del modo indicado, y luego están los principios del servicio que te permiten comprender cómo puedes cumplimentar dichos pasos y solucionar eventuales problemas.

Servicio de alto nivel

Todos merecen el mismo nivel de servicio, pero cada persona quiere recibirlo de manera única. Un servicio de alto nivel a menudo está en función de la persona. Habrá quien tenga ganas de charlar largo y tendido sobre el último episodio de Juego de Tronos, y habrá el que entra y solo quiere su café e irse. Y cuando conoces a esas personas y sabes qué es lo que esperan de ti, entonces estás ofreciéndoles el mismo nivel de servicio. No todos requieren una conversación de tres minutos, y no todos solo quieren una bebida para llevar de inmediato, el truco está en darse cuenta, lo que requiere esfuerzo.

Como si estuviéramos en una fiesta en casa

El tipo de servicio [en Go Get Em Tiger] en principio iba a ser al estilo de un bar. Te fijas y saludas con la cabeza a los visitantes que van entrando, pero cuando tienes una conversación con una persona, de hecho estás teniéndola con todos. No hay conversaciones secretas. Si te estoy sirviendo y luego alguien entra, voy a hablar lo suficientemente alto como para que esta persona forme parte de la charla, y voy a mirarla y hacerle saber que también estoy describiendo esta bebida para ella. Lo que ayuda a que el recién llegado se sienta incluido en la conversación y el ambiente en general. Como si estuviéramos en una fiesta en casa donde cada uno puede decir la suya, justamente, pero siempre manteniendo un servicio de alto nivel.

Cómo tratarte a ti mismo y cómo tratar a tus compañeros

No todo se centra en el servicio a los huéspedes. También es importante prestar servicio a tus compañeros y tratar de que la interrelación tras la barra no sea muy distinta de la que se da al otro lado. La gente siempre puede quejarse, claro, pero personalmente creo que es una pérdida de tiempo en el trabajo. Que solo sirve para incrementar la irritación que puedas sentir.

Reconocer la llegada de los visitantes

Quiero reconocimiento inmediato, saber que me ves cuando entro en el espacio, o saber que estás listo para atenderme cuando esté lista para pedir, porque tal vez no sé lo que quiero pedir. A veces entras en un café u otro local y adviertes el personal está más interesado en hablar entre sí que en dirigirse a los recién llegados. Por mucho que me encanten los espacios de con buena atmósfera entre el personal, si no puedes dejar esa conversación para otro momento y reconocer a alguien que entra, el servicio sale perdiendo en mucho. No necesito que me saluden con un "Buenos días" de inmediato ni que me tomen el pedido al momento. Pero si entro y veo que me saludan con un pequeño movimiento de cabeza o establecen simple contacto visual, ya no me siento ansiosa ni me pregunto: "¿Me ven? ¿Puedo entrar aquí? ¿Interrumpo algo?" No es lo principal cuando voy a un café, pero cuando no recibo ese mínimo reconocimiento de mi presencia, como ser humano, pienso: "¿De verdad quieren que esté aquí?"

10

Leer a las personas

Prestar atención a la comunicación no verbal

A mi esposa, Kirsten, no le gusta mucho que le diga: "Sé lo que estás pensando". Ni que a continuación agregue lo que creo que está pensando. Para que conste, no tengo un título en lectura de mentes, no tengo poderes parapsicológicos ni poseo ninguna otra habilidad sobrenatural, que yo sepa. Cuando expreso lo que creo que la otra persona está pensando, a menudo me encuentro con una ceja levantada, una rápida denegación con la cabeza, un par de brazos cruzados. Porque claramente me equivoco. Espero no recibir los tres signos a la vez, porque eso sería una muy mala noticia. De forma que rápidamente reformulo y pregunto: "¿Qué piensas?" "¿Qué tienes en mente?" o "¿Cómo te encuentras?"

Lo que puedo deducir de esa interacción es que Kirsten levanta la ceja, cruza los brazos o niega con la cabeza. Eso se llama "comunicación no verbal". No dice nada; no tiene que hacerlo. Puedo sacar algunas conclusiones de sus movimientos. Los signos no verbales son indicaciones que pueden comunicarnos cómo se siente alguien sin decir palabra. Y todos debemos practicar la capacidad de leerlos. Todos tenemos estas aptitudes; solo necesitamos perfeccionarlas y prestar atención a cómo pueden sernos útiles.

Lo hemos estado haciendo desde que éramos bebés. Antes de que pudiéramos entender el lenguaje hablado, nos dimos cuenta de estos signos. Por nuestra propia seguridad, por instinto de supervivencia. Pero también, para conseguir lo que necesitamos. Si tienes un teléfono móvil, los emojis o GIF excelentes ejemplos de comunicación no verbal. ¿Has mirado uno para tratar de averiguar lo que significa? Feliz, triste, enojado, frustrado, emocionado... La lista continúa, al igual que los interminables GIF que nos enviamos por mensaje de texto para decirnos cómo nos sentimos. Y estamos rodeados de ellos todos los días.

> **Los signos no verbales son indicaciones que pueden comunicarnos cómo se siente alguien sin decir palabra. Y todos debemos practicar la capacidad de leerlos.**

Vemos señales no verbales de forma constante. Algunos ejemplos de comunicación no verbal positiva (¡mi esposa también lo hace!) son personas sonriendo, corriendo con los brazos abiertos, abrazándose, poniendo una mano en un hombro, estrechando las manos, asintiendo con la cabeza mientras establecen contacto visual y sonríen. Por otro lado, podemos ver cuándo las personas están necesitadas: angustiadas, molestas y frustradas. Algunos ejemplos pueden ser una persona estresada que pasea y gesticula salvajemente con las manos, una persona molesta con los brazos cruzados en la sala de espera del consultorio del médico, o un niño pequeño con los hombros caídos y llorando porque acaba de descubrir que no es lo suficientemente mayor como para montar en la Space Mountain de Disneyland.

Escuchamos estas señales de nuestra familia, amigos más cercanos, novias, novios y parejas todo el tiempo. Ser consciente de estos tipos de comunicación, y lo más importante, buscar estos signos de forma activa, es esencial en el servicio de alimentos y bebidas. Si podemos comenzar a leer activamente los signos no verbales de nuestros huéspedes y clientes, nos anticiparemos a sus necesidades antes de que se vean obligados a pedir ayuda. Podemos abordar un problema antes de que tengan que llamarnos la atención. Es lo que puede diferenciarte de los demás en el servicio al cliente. Es una aptitud que se aprende y perfecciona a lo largo de tu vida.

Nuestro objetivo en los restaurantes es garantizar que nuestros invitados disfruten de una buena experiencia con nosotros. Por lo tanto, si tenemos huéspedes que muestran signos de angustia y no prestamos atención a esas señales no verbales, corremos el riesgo de que dichos clientes no vuelvan nunca más. Algunos ejemplos comunes de comunicación no verbal que conviene tener presentes son:

- **Entrecerrar los ojos y esforzarse por leer un menú en la pizarra**
- **Ponerlos ojos en blanco**
- **Cruzar los brazos**
- **Poner cara de frustración**
- **Sacudir la cabeza**
- **Fruncir los labios**
- **Respirar de forma entrecortada**

Puede ser más difícil leer a las personas que están sentadas a una mesa. En tales casos, además de la lista anterior, hay que fijarse en otros indicios:

- **No tocar la comida**
- **Mirar alrededor en busca de alguien/algo**
- **Brazos cruzados en la mesa con expresión de fastidio**

Los grandes camareros son muy conscientes de las señales no verbales de los comensales. Si quieres superar las expectativas de tus invitados la anticipación de sus necesidades resulta idónea. Lo ideal es conseguir algo para un huésped antes de que tenga que pedírtelo de forma directa, se trata de una interacción ganadora. Es muestra de una magnífica actitud. Y la mayoría de las personas agradecen mucho ese tipo de servicio tan atento y amable.

Algunos ejercicios que puedes utilizar para perfeccionar esta aptitud:

- **Mira la televisión con el sonido apagado y trata de adivinar de qué están hablando en la pantalla. El lenguaje corporal puede contarte toda una historia. Ve hacia atrás y comprueba si has acertado.**

- **Desplazamiento GIF. Escribe una emoción en tu motor de búsqueda de GIF y mira lo que aparece. Los GIF a veces resultan excesivos, pero generalmente son buenos indicadores de sentimientos.**

Ponte los auriculares y siéntate en un parque, en un autobús o en un lugar público donde la gente hable y fíjate en lo que sus expresiones físicas te dicen.

11

Erik Oberholtzer

Fundador- Tender Greens

Hace ya muchos años, la primera experiencia de restaurante de servicio rápido e informal que me sorprendió por completo fue Tender Greens. Me impresionó el conocimiento de los meseros y la "experiencia gastronómica" que ofrecían tan poco tiempo después de haber abierto. Eric Oberholtzer es el cofundador de este líder de la industria Fast casual reconocido a nivel nacional.

Acomodarse a los comensales

Diría que nos enorgullecemos de nuestra pasión por cuidar a todos los que entran, sin dejarnos llevar por egos ni restricciones. Hubo un tiempo en que un chef no cocinaba un filete bien hecho o ponía una hamburguesa en el menú porque eso interfería con su ego profesional. Procedentes de establecimientos de lujo, nuestra divisa es decir que sí a las peticiones especiales Siempre podemos atender cualquier solicitud, dentro de lo razonable. Es posible que no podamos atender la solicitud exacta, pero nos acercaremos lo más posible.

Los cocineros de todos nuestros restaurantes son profesionales brillantes que se enorgullecen de su labor. Si tenemos los ingredientes, ciertamente tenemos la capacidad para acomodarnos, y lo haremos. No somos robots y estamos aquí para brindarle al huésped una gran experiencia. Aunque ofrecemos un menú comisariado y creemos que nuestras combinaciones son la mejor variación, vamos a hacer lo posible para asegurarnos de que disfrutes de la experiencia que deseas.

Convirtiéndolo en una Victoria

Comencé mi carrera en el Four Seasons, y una parte de la cultura allí, parte del desafío, es "dadnos el huésped más difícil y lo convertiremos en nuestro cliente más fiel a largo plazo". Si podemos acomodar a alguien que en principio resulta exigente, si podemos sonreír, divertirnos con él, conocerlo bien, lo que en principio supone una dificultad se transforma en un simple desafío. Un desafío al que respondemos ganándonos a esa persona y pasándolo bien con ella.

Superar un apuro de almuerzo

Lo primero es encontrar a la persona adecuada para lidiar con una hora del almuerzo muy concurrida. No todo el mundo puede hacerlo. No todo el mundo quiere o está dispuesto a hacerlo. Necesitas a la persona adecuada para superar esa intensa y agotadora hora pico del almuerzo día tras día. Y a veces en condiciones demenciaes. Hace calor; el sistema POS se cae; hay clientes que se quejan o devuelven su plato. Se da un problema tras otro.

Anunciar los platos al servirlos en la mesa

Como mínimo hay que decir "Esta es la ensalada Niçoise con la verdura y el puré de patata". Lo que haces es repetir el pedido. Lo mismo puede suceder en la caja del mostrador, donde a veces conviene repetir el pedido. Hay que asegurarse de que la persona efectivamente está mirando el plato indicado. Para que lo vean al mismo tiempo que lo anuncias. Si el comensal tiene preguntas que hacer y quiere información sobre lo que está en el plato, podemos profundizar en su descripción: "Es una escarola procedente de la granja X, es orgánica y llegó esta mañana".

Volver a comprobar

Tras dejar la comida en la mesa, hay que hacer un seguimiento. Preguntarle al comensal si todo está bien, hacer unas ventas adicionales o ambas cosas a la vez. Ofreceremos otra cerveza si está al final de la suya o preguntaremos si quiere más limonada. Trataremos de brindar la mayor atención a la mesa sin pretender que nos encontramos en un restaurante de servicio a la mesa a tiempo completo, pues ni el cliente lo espera ni el personal tiene esa función.

Hacer hincapié en la calidad de los alimentos

Nuestra filosofía de alimentos y productos seguramente es algo más exigente que de costumbre. Sabemos de dónde vienen los ingredientes, por qué es importante y el valor inherente al plato creado con estos ingredientes costosos y de calidad. Hacemos hincapié en todo esto, en atención al comensal entendido, interesado en el hecho de que un alimento se cultivó a veinticinco minutos del restaurante, en el patio, o que la carne procede de animales alimentados con pasto en lugar de grano.

Gestión del sistema de punto de venta (POS)

No ponemos al recién contratado a trabajar con el sistema POS de inmediato. Primero se ocupará de preparar mesas, hacer bebidas, trabajar en un rol de apoyo… Para que vaya aprendiendo y se familiarice con el flujo del restaurante, mientras se va formando con ayuda de las lecciones e instrucciones oportunas.

Lo que ofrecemos al empleado

El acuerdo fundamental que establecemos es el siguiente: te voy a pagar un salario, te voy a dar una comida gratis, un uniforme, y tú vas a entrar y hacer un trabajo. Y las expectativas del trabajo son muy claras. O haces ese trabajo según nuestros estándares o no lo haces. O vas más allá de ese estándar y te sitúas en una posición para avanzar. Esa es la parte transaccional. Nuestra responsabilidad es pagarte, cuidarte, prepararte para el éxito.

Progresos constantes

Nuestra perspectiva empresarial es la siguiente: vamos a creer en ti en el espíritu de asociación. Entonces, si quieres progresar, te vamos a ayudar. Si encuentras que tienes una pasión por la comida, o una pasión por la ensalada de pasta, o una pasión por los negocios, y quieres aprender más, incluso puedes plantearte desarrollar toda una carrera profesional. Si es el caso, incluso podemos asociarnos contigo. Podemos construir una carrera contigo. Y tienes la oportunidad de ser parte de algo más grande que tú.

"Haz un acto de bondad al azar" – El cartel que hay junto a la puerta de salida

Este cartel es para todos. Para que lo veas al salir del restaurante, para que te dé que pensar. Para que al andar por la calle, mientras te diriges a tu automóvil o lo que sea, te muestres amable con los desconocidos, con alguien con quien te cruces por la acera o con otro conductor, al que dejarás pasar sin bloquear su camino. Se trata de una propuesta, de una orientación, hecha sin ánimo de prédica. De ti depende lo que hagas.

12

Comentarios y crítica constructiva

Dar y recibir comentarios constructivos con empleados, gerentes e invitados

Hay muchas maneras diferentes en las que puedes recibir comentarios y orientación. Es lo que se llama retroalimentación. ¿Opiniones constructivas? Que te digan qué hacer mejor. Que te digan qué hacer de forma nueva. Que te digan cómo hacer algo de la manera correcta. Que te digan cómo hacer algo de una manera nueva. Que te digan por segunda vez que hagas algo. Que te digan que no estás haciendo algo correctamente. Recibir gritos (¡no muy constructivos!) por no hacer algo de la forma adecuada. ¡Esto último no es demasiado bonito!

Es importante que estemos abiertos a escuchar cualquier comentario que se nos dé sin ponernos inmediatamente a la defensiva, enojados, tristes, abrumados, molestos, frustrados o vengativos. Filtra lo que puede interponerse en tu camino para quedarte con el apunte constructivo. Todos tenemos esa voz en nuestra cabeza que puede aparecer y comenzar a contarnos una narrativa diferente en relación con lo que realmente tiene lugar. Por ejemplo: "No puedo creer que me dijera eso delante de todos. No puedo creer que haya tenido la audacia de decirme eso. Trabajo muy duro aquí, esto es una falta de respeto, y me sorprende que esa persona me diga algo así". Se nos ocurren historias y justificaciones que son signos de una postura a la defensiva, de nula aceptación de una crítica constructiva. No mostramos disposición a escuchar los comentarios ajenos. He tenido algunos jefes difíciles, pero una vez que pude concentrarme solo en el contenido de sus comentarios críticos, no en la FORMA en que me los hicieron, me fue mucho más fácil corregir mis comportamientos y crecer como profesional.

Los comentarios constructivos no siempre se formulan como nos gustaría. Quizá vale la pena refrenar esos sentimientos que acabo de mencionar. No estoy diciendo que dejes de tenerlos. Así es el comportamiento humano y es perfectamente comprensible. Pero cuando nos dejamos llevar por dichos sentimientos y nos aferramos a esas reacciones iniciales, eso puede nublar nuestra capacidad de comprender la información que se nos está dando. En cierto modo, tenemos que aprender a escuchar de manera constructiva. Un buen amigo me dijo que en momentos como estos, en los que se siente a la defensiva, hace lo posible por cambiar sus pensamientos de forma activa. En lugar de decirse "No puedo creer que esto me esté sucediendo, A MÍ", trata de pensar "No puedo creer que esto esté sucediendo, EN MI BENEFICIO". Lo que hace es ver esa información desde una nueva perspectiva. Darse cuenta de que es un favor que le hacen, así como una oportunidad para corregirse y seguir la dirección adecuada. Al tiempo que convierte su punto de vista negativo en positivo.

La retroalimentación –la crítica constructiva-- es esencial para la innovación, e incluso las personas que brindan esta retroalimentación a veces no saben muy bien cómo hacerlo. Puede ser difícil encontrar la mejor manera de abordar y exponer una cuestión, para su perfecta comprensión. La razón por la que usamos la palabra constructivo es que siempre queremos asegurarnos de que estamos dando retroalimentación de una manera que ayude a alguien a hacer el trabajo mejor, a comprender y retener los detalles de las tareas pertinentes. Un gran maestro siempre se las arregla para que la información llegue a todo tipo de alumnos. Si estamos en condiciones de formar, capacitar o dar dirección, es necesario plantear estos diálogos de forma considerada.

Por supuesto, la formación y el adiestramiento también tienen lugar en presencia de los clientes, pero cuando sea preciso establecer una conversación seria, es importante tener en cuenta algunos puntos:

- **Encontrar el momento adecuado para brindar feedback constructivo:** El mejor momento difícilmente será cuando el restaurante está lleno hasta los topes y tiene una fila en la puerta, al final de un turno estresante de ocho horas o cuando un empleado ya se siente a la defensiva sobre su desempeño. Es posible que valga la pena esperar al final del turno o incluso al día siguiente.

- **Encontrar el lugar y la situación adecuados:** Como empleado, me han criticado o regañado frente a otros compañeros de trabajo, y la vergüenza me llevó a estar más a la defensiva con mi gerente. Elegir el lugar adecuado para la reunión o interacción privada facilita el establecimiento de la crítica constructiva.

- **Estar en un buen espacio emocional para dar efectuar comentarios y críticas constructivas:** Si estás en un plano puramente emocional, una situación acalorada o un cambio de servicio tenso, es posible que olvides centrarte en las acciones y sus efectos y te dejes llevar por los ataques personales. Cuando hay que hacer lo posible por establecer una interacción exitosa.

Una empresa siempre está tratando de mejorar sus servicios, y esta retroalimentación es parte del proceso. El objetivo de cualquier empresa es seguir siendo rentable y ganar dinero: dinero para sus propietarios, accionistas y empleados. Para ganar dinero, una empresa debe innovar, adaptarse y mantener informados a sus empleados. Todo esto requiere un proceso de aprendizaje y no puede suceder sin un círculo de retroalimentación entre los compañeros de trabajo, la gerencia y la propiedad.

Todavía tengo que recordarme a mí mismo que esa retroalimentación forma parte del proceso habitual y no es un ataque dirigido a mi persona. A menudo tengo que acallar esa voz crítica en mi cabeza. Sin duda van a hacerme críticas constructivas por este libro y probablemente me sentiré un poco a la defensiva. Pero la crítica constructiva es parte esencial del proceso de mejora. Así es como los artesanos enseñan el oficio. Cuando estés aprendiendo el oficio, de vez en cuando cometerás errores, aprenderás un poco más y luego lo harás mejor la próxima vez. Creces gracias a los episodios de esta clase. Y pronto estarás rindiendo a un nivel más alto, de modo consistente.

La capacidad de dar y recibir comentarios y demostrar que comprendes sus beneficios te ayudará en este trabajo y en todas tus demás ocupaciones futuras. Digo dar y recibir porque tanto lo uno como lo otro resulta complicado. Ambos aspectos forman parte del proceso de crecimiento en esta profesión, a medida que uno va asumiendo cada vez más responsabilidades.

COMENTARIOS Y CRÍTICAS DE LOS VISITANTES

A veces puedes encontrarte con algunos comentarios constructivos que no parecen ser tan constructivos. A mi modo de ver, el invitado molesto y que levanta la voz porque las papas fritas no estaban tan crujientes como querían más bien resulta "deconstructivo". Al igual que el cliente que te grita porque su café con leche no tiene suficiente leche. O el comensal que te pregunta: "¿Eres estúpido?" porque no sabías que el té helado estaba a punto de agotarse. Estas retroalimentaciones tienen muy poco de constructivas.

Tengo poca tolerancia con este tipo de comportamiento por parte de los clientes. Si te das cuenta, hay palabras clave en las frases anteriores. "Levantando la voz", "Gritando", "Estúpido". No son palabras indicadas para brindar una crítica constructiva. Con frecuencia, este tipo de comportamiento puede degenerar a un nivel inaceptable, y es posible que debas abandonar la situación y/o buscar un gerente de inmediato. ¿Me he encontrado con críticas desagradables de esta clase? Ya lo creo que sí. Me he encontrado con individuos descontentos que me han dicho todas estas cosas. Tienes que tomar una decisión en esta situación. ¿Cómo vas a responder? Estos son algunos consejos sobre cómo responder en una situación en la que el comensal se está volviendo cada vez más agitado, insultante al hablar, yendo bastante más allá de la crítica constructiva. Sin ningún orden en particular:

- **No empeores la situación:** mantén la calma en todo momento, deja que el otro termine de decir lo que está diciendo y no trates de enfrentarte a él en ese mismo tono.

- **Sugiere que sea el propio huésped el que te dé la solución al problema:** «Aunque entiendo que no está contento, indíqueme cómo le gustaría que solucionara la situación».

- **Déjale claro al comensal que lo ha escuchado y se está ocupando de la situación:** respira hondo y repite lo que el otro acaba de decir: "Entonces, ¿quiere que vuelva a hacrle las papas fritas para que estén extra crujientes? Vamos a ver lo que puedo hacer por usted".

- **Si el comportamiento del otro es molesto y tienes que irte de inmediato, hazle saber que vas a pedir ayuda:** "Siento mucho que te hayamos hecho sentir así. Está claro que te sientes enojado. Por favor, dame un momento para que un gerente nos ayude con esta situación".

- **Llámale la atención al cliente en relación con su comportamiento, a fin de establecer unos límites:** "Me gustaría brindarte un buen servicio, pero no puedo hacerlo si me tratas con falta de respeto".

- **Si necesitas marcharte de inmediato:** "Disculpa un momento, volveré enseguida". Márchate de su lado y regresa con un supervisor o gerente para que te ayude con el huésped.

13

Jo Galvan

Ganadora del Premio Ray Kroc - Gerente de McDonald's

Jo Galvan ha recibido el premio nacional Ray Croc, uno de los más altos galardones otorgados a los mejores gerentes de la empresa McDonald's Fast-Food. Jo lleva 23 años trabajando para McDonald's y en los últimos tiempos ha llevado un local de la cadena en Monaco, Pensilvania.

Aptitudes que te sirven toda la vida

Algunos de estos muchachos realmente nunca han salido de sus dormitorios un fin de semana. Están jugando con su Xbox o Facetiming, encerrados en su propio pequeño mundo. Este [tipo de] trabajo simplemente los saca de ese caparazón: sus ojos se acaban de abrir. Les estamos enseñando a establecer contacto visual, hacer preguntas, buscar respuestas. Estamos enseñando responsabilidad: así es como verificas tu horario. Espero que llegues cinco minutos antes. Cómo guardar tus cosas, prepararte, fichar la entrada al llegar, preguntarle a tu gerente qué hay que empezar a hacer.

Algunos de los chavales comenzaron aquí cuando tenían catorce años y ahora tienen diecisiete. Hay una chica que es maravillosa. Una vez que se gradúe este año, va a tener diecisiete años y va a ser subgerente. Recuerdo su primer día. Me dijo: "No sé qué hacer". Y le dije: "Está bien, ven aquí, te lo mostraré". Hay que ver lo lejos que ha llegado. Ella te dirá: "Simplemente no sabía nada, a mi madre no le importaba a qué hora me iba a la cama, no le importaba a qué hora me despertaba, no le importaban A, B, C o D. Acabo de aprender que necesito ser responsable de mí misma y asumir cierta responsabilidad por mis acciones". El impacto es indescriptible, hablo en serio. Y tengo claro que voy a asistir a su ceremonia de graduación, con mi familia entera, lo más seguro. Estoy muy orgullosa de su progreso. Y quiero que sepa, siempre he sido su apoyo y voy a ayudarla en lo que haga falta.

Conexiones en otras ciudades

Tengo un empleada aquí en este momento... Estudia en la población y trabaja para mí a la vez. También aprovecha la ayuda a los estudios ofrecida por McDonald's (2.500 dólares), una ayuda que es fantástica. Esta chica vive a una hora y media de aquí, de manera que también trabaja en el McDonald's de allá arriba. Y también es la mesera subcampeona de turno en el local de arriba. Me siento orgullosa de ella.

Contratación

Yo diría que el noventa por ciento de nuestras aplicaciones están en línea. Tenemos un sistema automatizado llamado McHire, y hay un bot que te habla, Olivia. Obtiene información básica: nombre, fecha de nacimiento, dónde fuiste a la escuela, si te graduaste, si actualmente eres estudiante, cosas así. Cuando saca la información de la entrevista, también la prepara para ellos. Selecciona el horario más adecuado, por ejemplo. Tenemos un calendario completo configurado.

Vestimenta

Las primeras impresiones son muy importantes, te interesa causar buena impresión desde el principio. Algunas personas se presentan con jeans desgarrados y botas, el pelo hecho un desastre y uñas de un palmo, eso no es profesional. Tal vez puede ser apropiado si se trata de trabajar en un bar. Yo no juzgo a nadie. Entrevistaré a cualquiera que venga porque todos merecen una oportunidad. Definitivamente les damos una oportunidad a todos. Si vienes arreglado, o por lo menos lo intentas, eso es lo que estoy buscando. Si vienes aquí y puedes hablar conmigo y establecer contacto visual conmigo, entonces la conversación resulta fácil. Quizá digo "Me encantan tus uñas, pero unas uñas tan largas no son las más apropiadas para la manipulación de alimentos". Al final, si están interesados en el empleo, tienen una buena entrevista, y me digo que hay que contratarlos, entonces repasamos las expectativas para todo.

> **Escucha, no siempre podemos ser rápidos. Nuestro enfoque es el servicio al cliente, la experiencia del cliente y la hospitalidad. Eso es lo que va a hacer que la gente vuelva.**

Posiciones

Tenemos muchas posiciones de trabajo. El mostrador delantero implica hacer la comanda a cocina, a veces juntar y embalar el pedido, llamar los números de pedido y entregarlos, y ver que el cliente se lo lleva todo, asegurándose de que está satisfecho.

Además de la toma de pedidos hay otras tareas secundarias. Está la persona que se encarga de las comandas en la ventanilla para automóviles, e incluso las papas fritas se consideran un servicio especial. Luego tenemos la caja de pagos, que es la primera impresión física real que se tiene del negocio porque los clientes están en los altavoces, ordenan sus pedidos y luego se detienen frente a la caja. Todo se desarrolla rápido; tenemos que mover esta línea, y te interesa ser agradable y rápido. Has de asegurarte de que puedes arreglar cualquier cosa que haya salido mal. Y luego tenemos la ventanilla frontal, que es donde les ofrecemos la comida, hacemos entrega del pedido y los saludamos con una sonrisa.

Hay algunos McDonald's que tienen el altavoz y también tienen a alguien afuera haciendo el pedido de mano con ayuda de una tableta. Si tienes una tarjeta, puedes pagar allí mismo, no tienes que detenerte en la caja de pagos Tan solo has de detenerte para recoger tu comida a menos que estés pagando en efectivo.

Incorporación inicial

El primer día, nos sentamos con [nuevos empleados] y repasamos la cuestión de la seguridad alimentaria, probablemente alrededor de una hora. Lo siguiente es la información sobre regulación laboral, sobre seguridad y condiciones en el lugar de trabajo, aproximadamente otra hora más. Luego, abordamos el concepto de hospitalidad, y terminamos por proporcionar la información sobre los derechos en el lugar del trabajo, haciendo hincapié en la evitación de abusos laborales. Estas son las cuatro cosas que McDonald's siempre tiene claro, en las que nunca afloja. Tenemos una pieza de capacitación sobre hospitalidad, un vídeo que les instamos a mirar el primer día antes de hacer cualquier otra cosa. Sobre las formas de saludar a los clientes, ese tipo de cosas. Cómo hablar con tu gerente, con los compañeros y los clientes.

Saludos

Lo adecuado es "Hola, ¿cómo estás, puedo tomar tu pedido?" O bien "Hola, ¿puedo tomar tu pedido?" Cualquier cosa, en pocas palabras, con una sonrisa y al grano. Si ves que alguien entra con un cochecito de bebé, te ofreces a abrirle la puerta y ayudar. Si alguien tiene un pedido grande y pesado, "¿Puedo ayudarte a llevarlo a la mesa?" No hacemos hincapié en la señora y el señor. Es solo un simple "Sí, puedo ayudarte" o "No, no puedo, déjame encontrar a alguien que pueda". Se trata de cómo acercarte a la gente: siempre con una sonrisa, simple y al grano, ayudando en lo que puedas.

Ser amable

Los fines de semana hay grandes pedidos, lo que complica un poco el trabajo en el servicio para carros y en el interior. El volumen es alto. A veces tenemos familias de seis, siete u ocho personas sentadas en el comedor pidiendo comidas de 50, 60 ó 70 dólares, por lo que las cosas a veces se demoran un poco. Lo único que le digo a todo el mundo es: "Escucha, no siempre podemos ser rápidos. Nuestro enfoque es el servicio al cliente, la experiencia del cliente y la hospitalidad. Eso es lo que va a hacer que la gente vuelva ". ¿Son importantes las ventas? Por supuesto. Tengo que pagar a mi gente, tengo que mantener el edificio; tenemos facturas que pagar y cosas así. Pero si nuestro servicio no es bueno al cien por cien, si nos portamos mal con alguien o resultamos groseros o molestos, la gente entonces no van a volver la próxima semana. Pero, si somos un poco más lentos y nos tomamos un minuto de más, hay que asegurarse de que lo estamos haciendo bien, sonriendo y diciendo: "Gracias, por favor, vuelve otra vez". Estamos atentos a lo que sucede en la mesa: "Hola, ¿hay algo que me pueda llevar?" "¿Necesitas otra bebida?" Cosas así. Solo pequeñas cosas. El huésped puede decir: "Tal vez no fueron los más rápidos hoy, pero sí que fueron muy amables. Creo que vamos a volver allí el próximo fin de semana ". El mejor consejo que puedo dar: ten una actitud positiva, respira hondo y hazlo todo paso a paso, cada cosa a su vez.

Funciones de supervisión

Tuve muchas malas experiencias con los gerentes, y no quiero que llevar a otros a pensar que no son lo suficientemente buenos, lo suficientemente inteligentes o que no me importan. Tenemos algunos gerentes de turno menores de dieciocho años. Deben pasar por una entrevista de gestión. Les preguntamos sobre diferentes escenarios. ¿Qué pasaría en esta u otra situación? ¿Qué pasa si tienes que corregir a tu amigo? Puede que no seas tan autoritario como necesitas ser, porque ese es tu amigo del alma, no ya solo alguien con quien eres cordial.

¿Vas a tratarlo de la misma manera o de manera diferente? Porque si no es de la misma manera, entonces no estás listo para ser un gerente.

Absolutamente no puedes tener favoritismo. Tienes que tratar a todos con justicia. Y si eso te saca de tu zona de confort, entonces bien, estás aprendiendo algo. No siempre va a haber sol y arco iris. A veces estás obligada a mantener una conversación difícil. Entonces, si no estás bien saliendo de esa zona de confort, arriesgándote, si no estás listo para eso, entonces no estás listo para estar en el equipo de gestión. Las cosas pueden ir mal y pueden ir bien, pero nunca lo sabrás hasta que establezcas esa conversación. Es una experiencia de aprendizaje aquí todos los días.

14

Haz que signifique algo

Encontrar significado y motivación en tu trabajo

Kirsten acostumbra a proponer proyectos que nos hagan ilusión. Y los ponemos en práctica, Tal vez sea un corto viaje de un día o una salida nocturna, o unas minivacaciones de una noche y dos días a una hora de distancia de nuestra casa, o un evento deportivo.... Nos gusta tener algo que esperar, siempre es de ayuda si estamos teniendo una semana difícil en el trabajo...tenemos una gran cosa en la que centrarnos.

En la Costa Oeste son frecuentes las cortas excursiones de una jornada. Conozco a muchas personas que planifican lo que van a hacer con su día libre y van a la playa a nadar y relajarse, a las montañas para caminar y al desierto para disfrutar de tranquilidad. Cuando lo das todo en tu trabajo, necesitas un poco de tiempo para relajarte y recargar energías. Tener algo ilusionante ayuda a superar esos días difíciles en el trabajo.

Esperemos que tengas suerte y que los deberes intrínsecos del trabajo te motiven y entusiasmen. Pero si no es el caso, ciertamente no estás solo. Es importante preguntarte por qué estás haciendo este trabajo concreto. Tal vez por algo tan simple como tener dinero para comer, pagar el alquiler y la matrícula, o tener dinero en efectivo para otros gastos. La mayoría de nosotros hacemos nuestro trabajo para pagar las facturas, pero si puedes ir superponiendo otras motivaciones, el trabajo seguramente resultará más agradable.

He conocido a muchos jóvenes profesionales que escogen trabajar en una barra o mostrador porque saben que así se obligan a mejorar en el trato cara a cara con la gente. La interacción de dos minutos no de hecho no es tan complicada y hace que te acostumbres a hablar e interactuar con clientes.

Personalmente siempre he disfrutado del trabajo porque me gusta conocer a gente nueva. Es una excelente manera de hacer amigos e interactuar con personas de diferentes ámbitos de la vida. He tenido muy diversos empleos en el sector de la hostelería y sigo siendo amigo de personas a las que conocí en anteriores empresas. Trabajar con diferentes equipos siempre ha mejorado mi vida social al trasladarme a vivir a una nueva ciudad o encontrarme en un punto de transición en mi vida.

Aprender sobre las personas siempre te ayudará en tus propias actividades. Una de las cosas que más me gustan de la hospitalidad es que te encuentras con una continua rotación de clientes, con diferentes desafíos y una oportunidad ilimitada de aprender más sobre cómo interactuar con las personas. ¡Leer a las personas de forma no verbal, mejorar en la anticipación de necesidades, habilidades multitarea, resolución de conflictos, aptitudes con las personas! Sé bien que esto no tiene que ser solo un trabajo de registro de entrada y salida…que puedo obtener más de él si quiero.

No siempre vas a sentir la pasión de estar al servicio de otros. No voy a mentir, cuando eres un empleado de primera línea que habla con los huéspedes todo el día, siempre vas a cansarte. Puede sentirse malhumorado al entrar en el quinto día consecutivo de trabajo. Es posible que te sientas abrumado por otras circunstancias de la vida y a veces te digas que hoy no tengo ningunas ganas de estar aquí. La forma más rápida de salir de esta rutina es hacer que tu trabajo se centre en la otra persona. Recuérdate a ti mismo que estás aquí para servir a los demás. Voy a hacer que alguien se sienta mejor que cuando entra por la puerta.

Con esta simple mentalidad, las horas de trabajo son mucho más interesantes y entretenidas. Siempre me sorprende el servidor de café en nuestro vecindario que tan jovial se muestra a las cinco y media de la mañana. Y más me sorprende que la misma persona sea aún más jovial cuando vuelvo a tomar el café por la tarde.

Si odias absolutamente tu trabajo, te dices que tu jefe es muy malo y estás desconectado de tus compañeros de trabajo, te resultará muy difícil encontrarle aspectos positivos a la situación. Ciertamente, no va a ser una buena situación para que los clientes entren y se sientan contentos. Lo he visto muchas, muchas veces... al entrar en un café o cafetería, se diría que ninguno de los trabajadores está feliz de encontrarse allí. Entras en un restaurante o bar, y tu camarero o camarero te mira como si hubieras arruinado su día porque te sentaste en su sección. Esa es una persona a la que no le gusta su labor.

Tómate algo de tiempo y trata de volver a comprometerte con lo que puedes brindar y lo que puedes recibir de este trabajo específico. Haz lo posible por dotarlo de algún tipo de significado que no sea el simple salario. Sí, probablemente todos preferiríamos estar en la playa o en una barbacoa en el patio trasero, y no en el trabajo, pero dar con algunas razones para disfrutar más de tu trabajo es una excelente manera de tener una experiencia laboral más satisfactoria. Haz una lista; guárdala en tu bolsillo. Si te sientes descontento, un poco desconectado, recuerda algunas otras razones que pueden inspirarte en el trabajo. Piensa en un videojuego que realmente quieras comprar, en un concierto al que quieras asistir, en una aptitud de relación con los demás que quieras mejorar, en algo que vuelva a situarte en tu ocupación y despierte tu entusiasmo por venir a trabajar. Haz que signifique algo para ti.

15

Sean Pramuk

Anterior propietario – Food Shed Take Away

Sean Pramuk es uno de los mejores líderes de parte frontal de restaurante que yo haya conocido, sobresaliendo en la capacitación de sus equipos para interactuar con los huéspedes de los dos restaurantes de los que es copropietario en Napa, California. Sean con el tiempo hizo la transición de sus estándares de servicio a un concepto informal rápido, Food Shed Takeaway, que operó durante muchos años.

Experiencia limitada

La mayoría de nuestros jóvenes empleados en la parte delantera del establecimiento son estudiantes. Muchos de ellos acaban de terminar el tercer año de la escuela secundaria. No me importa contratar a personas sin experiencia. Prefiero tener a alguien fresco y guiarlo por nuestro camino o lo que consideramos el camino correcto. La mayoría de nuestro personal tiene menos de veinticinco años.

Ser firme, pero ofrecer alternativas

Tienes que conocer a fondo la carta del restaurante, saber lo que podemos hacer y tener la seguridad necesaria para decir: "Esto es lo que podemos ofrecerle. Tenemos un menú de noventa elementos; ¿qué le apetece? ¿Qué podemos darle de comer?" Todas nuestras ensaladas verdes ya están preparadas. La ensalada picada ya tiene el jamón. Por consiguiente, cuando un hombre de sesenta y cinco años entra y pide una ensalada picada sin jamón, he de saber que la camarera de dieciséis años tiene el carácter necesario para decirle: "No, las ensaladas ya están preparadas. La picada ya viene con el jamón, hay otras ensaladas que no tienen jamón, pero no podemos hacerte una picada sin jamón". Les enseñamos a decir: "No, no hacemos eso que pide, pero tenemos esto otro". Les ofrecemos una sugerencia alternativa.

Lo más cerca posible

Le digo a nuestro personal: "Tienes que mirar a alguien a los ojos, adivinar qué es lo que quiere en realidad y llevarlo por ese camino, lo más cerca posible. Incluso si no es el que en principio tenían pensado". Puede que no sea divertido, pero ya que tienes que aprender esto ahora o más tarde, vale la pena aprenderlo ahora, aunque aquí no estemos hablando más que de pizza con pepperoni. Si puedes tener éxito en esto, más tarde te será de ayuda en la vida, ya sea que estés en otros restaurantes, te conviertas en un inversor de capital riesgo o lo que decidas hacer.

Prepárate

Quiero que te mantengas ocupado en todo momento, ya sea plegando cajas de cartón para pizzas o recogiendo hierbas en el patio. Cuando el cliente entra por la puerta, le haces saber que lo has visto y lo miras, a fin de estar listo para ayudarlo cuando diga "Tengo una pregunta" o "Ya he mirado la carta y sé lo que me apetece".

Leer la sala

Le digo a mi personal: "Sabes, Malcolm Gladwell asegura que podemos transmitir 600 mensajes con nuestro cuerpo y nuestra cara sin decir nada". Y acabo de ir a Nueva Zelanda y Fiji, y, sorpresa, el lenguaje corporal es el mismo. El lenguaje corporal que usamos en Estados Unidos cuando estamos confundidos, hambrientos, enojados o lo que sea, es el mismo lenguaje corporal que se usa en otros países. Por consiguiente, estamos en situación de leer lo que dice el otro. ¡Léelo! Si alguien tiene los brazos cruzados y el ceño fruncido, el mensaje salta a la vista: "Oye, esto necesita atención, esto necesita acción". ¡Tenemos que intervenir! Esa es la parte más difícil, leer ese lenguaje corporal y reaccionar ante él. Lo único que repito una y otra vez es "Hay que leer la sala, hay que leer la sala..."

> **LES ENSEÑAMOS A DECIR: "NO, NO HACEMOS ESO QUE PIDE, PERO TENEMOS ESTO OTRO". LES OFRECEMOS UNA SUGERENCIA ALTERNATIVA.**

Escuchar a la gente por teléfono

Al hablar por teléfono no ves al otro, no puedes fijarte en su expresión, pero sí que puedes captar su tono: ¿tiene hambre, hay un bebé llorando de fondo? ¿Necesitan una entrega rápida? ¡Es como un juego también! Tienes que juntar todas las piezas. Escúchalas; fíjate en cómo suenan. Escuchar es un arte moribundo. Está subestimado. Tienes que mantener la voz neutra, como un locutor de la radio. "Eso no es algo que ofrezcamos, pero puedo leerte lo que tenemos, o puedes consultarlo en línea, lo que sea más fácil para ti. Lo que te resulte más fácil para hacer este pedido.

Pero no puedes apresurarte, imponerte al otro. Lo más importante que le digo a nuestro personal es que sepan escuchar. ¿Qué está buscando esta otra persona?

¿Quiere la comida caliente? ¿Comida fría? Tal vez hay que explicarle cómo funciona el restaurante. Quieres ponerlo de tu lado y hacer que sienta que buscas lo mejor para él sin exagerar o engañarlo. Insisto, tratamos de no usar la palabra no; respondemos: "Lo siento, eso no está disponible, pero podemos ofrecerle esto otro". Hay que tener paciencia. Hacemos que nuestros mejores empleados se ocupen del teléfono. Es la posición más difícil. Es la primera impresión que se lleva el cliente en potencia. Podría ser la única impresión. Está hablando con la cara del restaurante.

Una gran empleada

Tenemos una empleada que comenzó a los diecisiete años y no sabía nada. A todo el mundo le encanta trabajar con ella. Absorbe información, se esfuerza al máximo, siempre es agradable. Nunca tiene una palabra mala. El tipo de persona con la que todos quieren trabajar. Es el mayor atributo. Ha adquirido todas estas aptitudes con el tiempo.

No hay teléfonos

Tan pronto como un cliente levanta la vista y ve a un miembro del personal ocupado en mirar su teléfono celular detrás del mostrador, la impresión es muy negativa. Así es como yo lo veo. Porque ese empleado está comunicando: "Tengo algo más que hacer", en lugar de mirar a la gente a los ojos, hablar con ellos de una manera tranquila y razonable. Las aptitudes fundamentales.

A mal tiempo, buena cara

La gente va a cometer errores, ya sea nuestro propio personal o los clientes. Ya sea que todos los teléfonos suenen a la vez o muchas otras cosas inesperadas. Te agotarás. Van a darse situaciones frustrantes… Todo está en función de la forma en que decidas seguir adelante.

16

Kim Prince

Fundadora/Propietaria Hotville Chicken

Kim es miembro de la dinastía familiar de Hot Chicken Sandwiches, originaria de Nashville, Tennessee. Ha tenido su propio restaurante increíble en Los Ángeles, un local llamado Hotville, que recientemente se ha asociado con el delicioso restaurante Dulan's Soul Food para un camión de comida llamado Dulanville. Kim es un ejemplo de cómo ayudar a las personas a crecer y aprender en este negocio.

Sigue a los mejores

Siempre me parece importante decir: "Oye, encuentra a alguien que esté haciendo lo que admiras o lo que quieres poder hacer. Rodéate de personas con ideas afines y fíjate en una persona que te inspire, escógela como modelo a seguir. Y si lo están haciendo con suficiente éxito o lo suficiente como para llamar tu atención, observa cómo se manejan, cómo se comportan, cómo contestan al teléfono, cómo tratan a los clientes, cómo hacen sus tareas".

Mira a las personas que te inspiran o que admiras, las personas que van a influir en cómo tomas decisiones, cómo hablas, cómo te comportas en el trabajo...e imita lo que hacen. Quédate un poco más para que puedas hacerles preguntas, anota las preguntas que puedas tener en tu cabeza y aprende a crecer, a verbalizar o comunicar cuál podría ser esa pregunta y luego pregúntales por qué hacen las cosas de esa forma precisa. Trata de encontrar los pequeños peldaños por los que pasaron para llegar a ese otro lado. Es lo que te permitirá conseguir su mismo éxito o logro o incluso obtener los conjuntos de aptitudes que se necesitan para ascender en el escalafón.

> **Mira a las personas que te inspiran o que admiras, las personas que van a influir en cómo tomas decisiones, cómo hablas, cómo te comportas en el trabajo...e imita lo que hacen.**

El valor del tiempo

El tiempo es una de las cosas más importantes, porque no puedes devolverle el tiempo a la gente. Los clientes pueden esperar en filas de 15 a 20 minutos para llegar a la ventanilla y hacer el pedido. Pero en el momento en que la persona realiza su pedido, es fundamental asegurarnos de que esa persona no espere más de 7 minutos para recibir la comanda. Yo puedo devolverte el dinero. Como cliente, puedes devolverme la comida. Podríamos tirar esa comida. Siempre puedes hacer eso, pero no tengo la capacidad de devolverte el tiempo.

El espacio

Estamos limitados en el espacio en un camión; por lo tanto, todo ha de estar en su lugar preciso. Nos aseguramos de que siempre, siempre, siempre lo pongamos todo en el mismo lugar para que la siguiente persona pueda encontrarlo.

Saber escuchar

Tenemos que estar escuchando y comunicándonos en el camión para que esos pedidos salgan en menos de 7 minutos después de la realización del pedido. Muchas veces, el cliente comenta: "Creo que voy a pedir un emparedado de pollo picante con papas fritas". Al cabo de unos minutos se lo recuerdo al cliente lo suficientemente alto como para que la cocina lo escuche y el personal pueda anticiparse y trabajar en su pedido, mientras el otro me paga el pedido. Así es como lo sacamos por la ventana rápidamente. La mayoría de los trabajadores con experiencia en un camión lo tienen más que claro y dicen: "Nada de tonterías, tengo que escuchar bien lo que me llega". Si los chicos de atrás están bromeando, riendo y platicando y no pueden oírme cuando les notifico el siguiente pedido desde la caja, entonces tenemos un problema. En consecuencia, todo el mundo ha de estar con el oído atento. La persona en la ventana que se comunica con el cliente es la que habla muy alto. Todos los demás tienen que bajar el volumen. Una vez que todos lo tienen claro, todavía se divierten mucho trabajando en el camión.

> **NUNCA HAY QUE DEJAR DE LADO LA EMPATÍA PORQUE NO CONOCEMOS A TODAS LAS PERSONAS. TODOS TENEMOS ANTECEDENTES DIFERENTES, UNA EXPERIENCIA DIFERENTE, CADA UNO DE NOSOTROS. ASÍ QUE TEN CUIDADO DE NO PASARTE DE LISTO Y DAR DETERMINADAS COSAS POR SENTADO. EN LA HOSPITALIDAD, LA EMPATÍA ES EL REGALO QUE TENEMOS QUE DAR A LA GENTE.**

Repetir el pedido en voz alta

Hacemos varias tareas a la vez. Hacemos el pedido al mismo tiempo que el cliente lo hace y nos aseguramos de que entienda lo que vamos a servirle. Se lo recuerdo al cliente lo suficientemente alto como para que la cocina lo escuche, para que el personal pueda anticiparse y trabajar en su pedido, mientras tomo su pago. Así es como lo sacamos por la ventana con rapidez.

Fuerte volumen

Es muy importante proyectar [tu voz], elegir las palabras bien y comunicarte con el cliente. Mientras converso con él, hablo lo suficientemente alto como para que las personas situadas a sus espaldas también lo escuchen. Me aseguri de hablar lo bastante alto como para que los siguientes en la fila oigan la información. Y luego, cuando llegan a la ventana, las cosas son más fáciles: "Sí, escuché que le dijiste a esa persona que no pidiera la salsa intermedia porque lleva tres clases de pimientos". Así logramos estar en movimiento constante, pasando de una cosa a otra.

Labor en común

He enseñado a mis trabajadores a prestar atención al panorama general, para que no caigan en argumentaciones del tipo: "No quiero hacer eso. Ese no es mi trabajo. De eso se ocupa otro ". No, todos tenemos que hacer esto. Todos tenemos que prestar atención. Entonces podemos fluir.

Crecimiento profesional

No espero mantener a un gran empleado para siempre. Al encontrarme con grandes empleados, siempre he tenido claro que pronto los perdería, que obtendrían otro empleo más adecuado o irían a la universidad. Si el trabajo conmigo puede ayudarlos a despegar y seguir su propio camino, estoy contento de ayudarlos.

Empatía

Todos tenemos distintas procedencias. Cada uno tiene una procedencia familiar y social diferente, sus propios traumas y demás, sus propios triunfos y derrotas en la vida. Todo el mundo ha pasado por diferentes embudos. Todos. Entonces, no se puede tratar a todos por igual, ¿verdad? Nunca hay que dejar de lado la empatía porque no conocemos a todas las personas. Todos tenemos antecedentes diferentes, una experiencia diferente, cada uno de nosotros. Así que ten cuidado de no pasarte de listo y dar determinadas cosas por sentado. En la hospitalidad, la empatía es el regalo que tenemos que dar a la gente.

17

Para llevar / Para recoger

Comportamiento al teléfono, conductores de entrega y cómo causar buena impresión en tan solo diez segundos

Durante la pandemia, vimos un elemento importante del servicio de alimentos cambiar por completo: el enfoque en la entrega y la recolección se disparó en todo nuestro país. Estábamos bien encaminados mucho antes de que llegara la pandemia, pero esto nos empujó mucho más rápido. Lo que no avanzó tan rápido fue el servicio al cliente en este proceso y cómo podemos seguir haciendo que la experiencia del comensal sea fantástica.

La mayoría de los huéspedes pueden hacer pedidos a través del sitio web del restaurante o a través de los llamados sitios web o aplicaciones de terceros. Algunos de los más populares te resultarán familiares: Über Eats, Grubhub, DoorDash, etc. Los invitados se encargarán del pedido ellos mismos. Muchas personas prefieren este método; es más rápido y fácil, dependiendo de sus necesidades. Si ellos mismos van a encargarse de recoger la comanda, esto significa que su ventana de interacción será muy breve. Han gastado la misma cantidad de dinero y posiblemente han dado propina, pero solo tienes una interacción de diez a quince segundos cuando vienen a recoger el pedido. Si bien es una interacción breve, muchas cosas pueden olvidarse o darse por sentadas.

> **Las recogidas por parte de los conductores de entrega pueden ser un desafío porque es posible que de pronto aparezcan diferentes conductores que no saben cómo funciona tu sistema. Trata de ser amable y paciente.**

Es fácil preguntarle a alguien su nombre o número y entregarle una bolsa para llevar. Este no es el tipo de interacción a la que queremos acostumbrarnos. Queremos hacer que esa interacción de diez a quince segundos cuente. Si están recogiendo del mostrador, revisa la bolsa y aclara verbalmente el pedido con ellos. Esto no es solo para asegurarse de que no se cometieron errores en el lado del servicio; es una oportunidad para presentarles el pedido que están a punto de llevarse a casa y disfrutar. Esa energía positiva debe estar allí, de la misma manera que cuando saludamos a un huésped y anotamos su comanda personalmente. Tómate un breve momento para estar presente con el cliente, pregúntale si necesita algo más, agradécele la compra y deséale un buen día.

Las recogidas por parte de los conductores de entrega pueden ser un desafío porque es posible que de pronto aparezcan diferentes conductores que no saben cómo funciona tu sistema. Trata de ser amable y paciente. No siempre es la relación más fácil, pero el hecho es que estás trabajando con esta otra persona para asegurarte de que el pedido correcto llegue al comensal. Por lo tanto, es igual de importante que verifiquemos ese pedido, que se hayan atendido las solicitudes de los clientes, que todo esté empaquetado correctamente con los utensilios y condimentos adecuados y que la comida esté caliente y lista en el momento en que el repartidor externo llegue para recogerla.

La llamada telefónica con frecuencia provoca errores de comunicación cuando el otro pide o intenta obtener información sobre los elementos del menú. La conversación puede ser difícil en un restaurante en funcionamiento, tal vez muy ruidoso, lleno de gente, con música de fondo y con interrupciones. Esta es la receta perfecta para que ocurra un error. Asegúrate de hablar con la suficiente claridad para que la persona que llama pueda entenderte. Y un recordatorio: tu lugar de trabajo puede ser ruidoso, pero eso no significa que debas gritar al teléfono. Lo más probable es que la persona en el otro extremo no esté en un ambiente ruidoso y debería poder escucharte sin dificultad. Si no estás seguro, siempre puedes preguntar: "¿Puedes oírme claramente?" "¿Quieres que hable más alto?" El comportamiento al teléfono debe ser tan amable como si estuvieran frente a ti. "¿Tienes alguna pregunta sobre los artículos de nuestro menú?" -¿Qué deseas tomar? "¿Hay algo más en lo que pueda ayudarte?"

El comportamiento al teléfono debe ser tan amable como si estuvieran frente a ti.

Cuando llamo a un restaurante para efectuar un pedido, no me gusta que me traten como si fuera un fastidio porque llamé en un momento de mucha actividad. La mayoría de las veces, la persona que habla por teléfono gasta la misma cantidad de dinero que gastaría si cenara en el comedor. Merece tu misma atención y amabilidad. "¡Un momento, ahora te atiendo!" no es una buena manera de contestar el teléfono. No es una buena etiqueta volver a la conversación y gritar: "Sí, ¿qué quieres?" Si bien tu tono puede ser tenso porque estás apresurado, ocupado y haciendo malabarismos con las cosas pendientes, debes tratar a tu interlocutor como si fuera un huésped que está delante de ti.

Si alguien hace un pedido por teléfono, debes asegurarte de que estás recibiendo la información exacta que el otro te está dando. Repítelo todo siempre. Nunca puedes estar seguro de dónde puede estar llamando el otro o cómo es su recepción, por lo que aclarar un pedido es muy importante cuando tomas la comanda del cliente, tal como lo harías con un huésped frente a ti antes de presionar el botón Enviar a la cocina. Los quince segundos que se tarda en aclarar el pedido son mucho menos engorrosos que rehacer un pedido después de que alguien venga a tu restaurante en coche para recogerlo y resulte que la comanda es errónea. Y mucho más fácil que explicar a la cocina por qué se hizo un pedido incorrectamente.

> **Con la tecnología cambiando rápidamente, veremos muchos ajustes en la forma en que podemos llevar comida a nuestros clientes de una manera más adecuada y favorable para ellos. Lo que no cambiará es nuestra capacidad para tratar a nuestros clientes de comidas para llevar con el mismo cuidado que tratamos a nuestros huéspedes de comedor.**

Con la tecnología cambiando rápidamente, veremos muchos ajustes en la forma en que podemos llevar comida a nuestros clientes de una manera más adecuada y favorable para ellos. Lo que no cambiará es nuestra capacidad para tratar a nuestros clientes de comidas para llevar con el mismo cuidado que tratamos a nuestros huéspedes de comedor. En todo caso, necesitamos dominar esa interacción de diez a quince segundos con ellos, para que se sientan valorados y vuelvan a tu negocio.

18

Brad Kent

Cofundador de Blaze Pizza

Probé por primera vez la deliciosa pizza de Brad Kent en Olio Wood Fired Pizza, en el Grand Central Market de Los Ángeles. Blaze Pizza se ha convertido en un restaurante de pizza Fast Casual reconocido a nivel nacional basado no solo en su increíble dedicación a crear magníficas pizzas con los mejores ingredientes, sino también en su capacidad para relacionarse con sus huéspedes.

Ingredientes y comensales

La comida es una experiencia para compartir. Es una gran parte de nuestra formación. Todo se basa en los servicios al comensal y en explicar los ingredientes al personal para que puedan transmitirlos al huésped que quiere esa información. Esto es lo que es la burrata, aquí es donde se hace, esta es la empresa que lo hace. Hacíamos degustaciones de diferentes burratas, para que la gente supiera que la nuestra era la mejor degustación: la más cremosa, la más dulce, la más ligera.

Hemos tenido empleados muy jóvenes que nunca habían visto mozzarella fresca antes, no sabían cuáles eran las diferencias. Y pudimos explicarles eso. Ahora están entusiasmados por formar parte de nuestro proyecto. Y esa emoción se traduce en una mayor satisfacción laboral, una gran retención de empleados; también repercute en nuestros visitantes, porque ahora podemos explicarle a un huésped cuando pregunta: "¿Cuál es la diferencia entre esta mozzarella y esa mozzarella?" Esta es leche entera y viene de Idaho, y esta otra viene de Nueva York.

Saludos y reconocimiento del visitante

Cuando entras en un Blaze, es fundamental que el empleado que toma los pedidos, la primera persona que veas, sea la persona más sonriente, amigable y extrovertida del restaurante. Es tu primera experiencia como cliente. Esa es la primera persona que te va a decir "Hola". Nos formamos para eso. Incluso si los empleados están saludando a alguien y hablando con él, si otro visitante entra en el local, se supone que deben tomarse un segundo para reconocer la entrada de esta otra persona.

El nombre del comensal

Ponemos el nombre del huésped en el papel porque queremos que las personas se sientan bienvenidas. A la gente le gusta oír su nombre. Entonces, podemos gritar: "Hola Joe, bienvenido a Blaze. ¿Qué tipo de salsa te gustaría? Y queremos que nuestros empleados usen el nombre del huésped tres veces mientras caminan por la línea.

> **QUEREMOS CONCENTRARNOS EN LA EXPERIENCIA DEL HUÉSPED. POR LO TANTO, LA COMIDA DEBE HABLAR POR SÍ MISMA; NO NECESITAMOS QUE LA GENTE MIRE HACIA ARRIBA.**

Clientes primerizos

Lo primero que hacemos cuando alguien entra en Blaze, a menos que sean clientes habituales conocidos, es preguntar: "¿Es tu primera vez en Blaze?" Y escribimos una carita sonriente en la esquina de su hoja de pedido, para que todos sepan que deben prestarles un poco más de atención. Si es la primera vez, los guiaremos a través del proceso: Blaze puede ser un poco complicado si nunca has estado en un local de este tipo, donde hay una especie de línea de montaje y guardas fila un par de minutos para crear tu propia pizza. Es un concepto rápido, y eso es parte de la marca. Queremos que las personas se sientan atendidas, a pesar de que se están moviendo a través de la línea rápidamente. Para cuando pagues, tu pizza debería estar lista en un minuto.

Interacción y tableros en la pared

Los tableros con el menú están situados por encima de la línea. La gente no está aquí para pedir platos de un tablero, está aquí para pedirte comida a ti. Queremos concentrarnos en la experiencia del huésped. Por lo tanto, la comida debe hablar por sí misma; no necesitamos que la gente mire hacia arriba. Queremos que nuestros empleados hablen con la gente, cara a cara, entablen esa conversación y les pregunten: "¿Cuál de estas salsas te gustaría?" Lo que no solo mantiene al empleado y al invitado conectados, sino que mantiene al cliente mirando la comida, decidiendo lo que quiere en su pizza y eso también ayuda a que la línea se mueva más rápido. Baste decir que hacemos hasta doscientss transacciones por hora.

El espectáculo

Formas parte de un espectáculo. Tú mismo formas parte de la experiencia. Tu uniforme debe estar limpio; debes hacer gala de energía. Nuestros colores son llamativos; las frases en nuestras camisetas son enérgicas porque queremos que la experiencia sea visualmente interesante. Por consiguiente, estamos encantados con las personas con tatuajes y piercings, forman parte integral de nuestra experiencia. En nuestro entorno, las personas son ellas mismas. Si quieres que las personas sean ellas mismas y quieres que formen parte de la experiencia para el visitante, es preciso dejar que las personas se expresen como son en realidad. Y eso va a crear una experiencia muy interesante para el huésped. ¿Y de qué otra manera podemos convertirlos en parte del entorno? Creo que esta es una de las razones por las que la gente quiere trabajar aquí, porque las personas pueden expresarse y ser ellas mismas. Eso sí, nos aseguramos de cumplir con todas las normativas de sanidad. Nada de pendientes caídos, agujeros en las camisetas, vaqueros desgarrados o zapatos rotos.

> **Una vez que el huésped se sienta en el comedor, alguien debe ocuparse de él. Se acercará a su mesa mientras come, al menos una vez, y dirá: "¿Cómo va todo?**

Seguimiento en el comedor

Una vez que el huésped se sienta en el comedor, alguien debe ocuparse de él. Se acercará a su mesa mientras come, al menos una vez, y dirá: "¿Cómo va todo? ¿Sí? ¿Te gusta? ¿Puedo ofrecerte más bebida? ¿Puedo traerte otra servilleta? Déjame conseguir eso para ti o déjame llevarme el plato sucio". Estas son cosas que la comida rápida no hace y cosas que la comida informal hace, pero por lo general, el cliente ha de dejar una propina a cambio. Por nuestra parte no esperamos recibir una propina; es parte de nuestra propuesta de valor. Y si algo sale mal, lo sabrás en ese mismo momento, de forma que podemos arreglarlo.

19

El reseteado

Tómate un respiro, descansa, todo es cuestión de adaptarse y ajustarse

Mi entrenadora de fútbol en la niñez, Margaret Cunningham, me enseñó una valiosa lección cuando comencé a jugar en su equipo en cuarto grado. No la apliqué hasta muchos años después, cuando finalmente entendí de lo que Margaret estaba hablando.

La Sra. Cunningham usaba una técnica para calmar a los jugadores cuando nos poníamos alborotados o abrumados por la emoción del deporte. Reunía a los jugadores del equipo y les decía que que hicieran una pausa y respiraran bien. "Respira hondo y exhala lentamente". Mientras ella contaba a cinco o diez. Y nos relajábamos. Si uno de los niños se venía abajo, Margaret hacía que recurriera a esta técnica, que funcionaba.

Muchos años después me encontraba trabajando como camarero de mostrador en un bar de Hollywood. Sumido en el calor del trabajo, abrumado y atascado, sirviendo bebidas lo más rápido posible y tratando con clientes difíciles. Cuando del alcohol estamos hablando, los clientes pueden volverse agresivos, exigentes e incluso groseros. Mi amigo Gary, un profesional experimentado detrás de la barra, me lo dijo desde el primer día, acuérdate de tomarte cinco minutos libres. Para despejarte. Si no lo haces, todo esto se acumulará y te agotará. Me acordé de Margaret Cunningham. Salía del local, recuperaba el aliento, contaba hacia atrás desde cinco o diez, respirando al compás con lentitud. Siempre me ayudó a relajarme. Ojo, no estoy diciendo que después volviera al trabajo en una alfombra mágica, pero esta pausa me despejaba y me permitía volver a la carga.

El trabajo en la hospitalidad y el servicio al cliente puede ser agotador. Se espera que demos mucho, y debemos estar abiertos a recibir mucho, ya que estamos de cara al público. Tenemos la oportunidad de tratar con muchos huéspedes increíbles y atractivos, pero también con algunos visitantes exigentes y verbalmente agresivos. A veces la gente solo está teniendo un mal día, y estamos en el lado receptor de esa energía. Algunos clientes no entienden por qué no tenemos algo que quieren, no pueden comprender que a veces cometemos errores o consideran que estamos obligados a hacer lo que nos digan que hagamos. Dirigida a aquellos de nosotros que tratamos de ayudarlos desde el otro lado del mostrador, esta energía resulta desagradable.

> **LO QUE HAYA PASADO HOY O ESTA NOCHE PASADO ESTÁ. MAÑANA TENEMOS LA OPORTUNIDAD DE HACERLO TODO DE MANERA DIFERENTE. MAÑANA TENEMOS LA OPORTUNIDAD DE SER MEJORES.**

La cuestión es que no podemos hacer nada para cambiar a cada persona que entra por la puerta. Sin embargo, podemos tomarnos un momento para mantenernos serenos, ajustarnos a la situación y aprender cómo podemos aprovechar la ola de interacciones y servicio al cliente. Debes tomarte un tiempo para este reajuste, aunque no sea más que uno, dos o cinco minutos. Encuentra una técnica que te sea de ayuda. Si te resulta imposible alejarte físicamente, tal vez puedas ajustar tu punto de vista en el momento. A menudo, si estaba abrumado de trabajo en el bar y me encontraba ante una multitud exigente, simplemente visualizaba los corazones de los clientes como unos corazones propios de los dibujos animados, gigantescos, rojos y palpitantes. Como sacados de un episodio de Loony Tunes.

¿Demencial, dices? Claro que sí. Pero me servía para superar un par de horas difíciles. Me ayudaba a replantear mi perspectiva. Era una forma de resetearme, de ajustarme a la situación, manteniéndome en contacto con un poco de humanidad en una loca noche de sábado en Hollywood.

Una frase en la que pienso es "No reacciones, solo respira". Si algo me irrita, puedo tomarme un momento, respirar y luego elegir cómo quiero responder. Es una versión rápida de lo que la Sra. Cunningham me enseñó en su día. He tenido que tratar con algunos clientes muy groseros, a los que quería responder de forma tajante al momento. Poco a poco aprendí que me basta respirar profundamente unos segundos para establecer una pequeña pausa en la situación. ¡Eso es todo! Así creaba mis propias pausas, sin involucrarme de forma alocada, poniendo cierto distanciamiento al tiempo que evaluaba la situación. Esta posibilidad de hacer una pausa marcó una gran diferencia en mi capacidad de prestar un verdadero servicio incluso en las situaciones más difíciles. Me llevó su tiempo acostumbrarme, pero dicha aptitud supone una gran diferencia en todos los aspectos de mi vida.

Uno de mis aspectos preferidos del trabajo en hostelería es que mañana es un nuevo día. Lo que haya pasado hoy o esta noche pasado está. Mañana tenemos la oportunidad de hacerlo todo de manera diferente. Mañana tenemos la oportunidad de ser mejores. Mañana tenemos la oportunidad de pasar un mejor momento haciendo nuestro trabajo. Ves esta capacidad de recuperación en los deportes. Lo fundamental no es la mala jugada o el error puntual. Lo fundamental es cómo lidiar con ese error. Es lo que define a los grandes jugadores, los que son capaces de adaptarse sobre la marcha y seguir aportando cosas al equipo. En los restaurantes, lo fundamental no es un mal día o una mala noche de servicio, lo fundamental es cómo podemos recuperarnos, aprender, adaptarnos, volver y ajustarnos al día siguiente.

20

Melissa Karaff

Gerente de Distrito - Starbucks

Conocí a Melissa a través de una amiga, y nunca deja de sorprenderme lo mucho que quiere a las personas con las que trabaja, a su equipo. Le apasiona establecer contacto personal con los visitantes, aunque no entren más que para tomar un café rápido. Su espíritu es refrescante e inspirador.

Entrevistas

Hago que [los entrevistados] hablen y quiero personalidad. Estoy buscando una sonrisa, y me encanta cuando han investigado un poco por su cuenta. Una de mis preguntas es: "Cuando vas a un Starbucks, ¿qué es lo que te gusta?" Si dicen algo como: "Me gusta el servicio y la amabilidad", porque esa es una parte crucial, o "Me gusta ir al que hay cerca de mi casa porque saben mi nombre, y que me gusta el macchiato de caramelo, que me preparan a mi gusto", lo encuentro estupendo porque es señal de que saben cuales son nuestras expectativas. Es increíble cuántas personas solicitan un trabajo aquí que nunca han estado en un Starbucks. Nunca han entrado en uno de nuestros locales, nunca han pedido algo, no saben qué se puede tomar en ellos.

Una de mis preguntas es: "Cuéntame sobre una vez que te metiste en problemas en el trabajo, sobre alguna ocasión en que hiciste algo mal". Me interesa saber cómo lidiaron con esa situación y cómo se sintieron después. Cometí un error y ahora tengo que arreglarlo, eso es lo crucial.

Quiero que todos se sientan cómodos en una entrevista. Pero a veces están demasiado relajados. Maldicen o hablan muy mal de los empleadores anteriores. A veces no necesito saber todos los detalles de por qué no te gustaba tu último gerente y por qué dejaste el trabajo. "¡Siempre me decía lo que tenía que hacer!" Bueno, yo ahora voy a ser la que te diga lo que tienes que hacer, porque así es como funciona el negocio. Siempre tendrás un jefe, y ese jefe siempre tendrá expectativas de ti. Es algo que viene con el trabajo.

Experiencia escolar

Busco personas comprometidas. Cierta solicitante no tenía mucha experiencia laboral, por lo que tuvo que hablar de su papel en la escuela cuando le pregunté al respecto. De los clubes de los que formó parte, lo que era muestra de que podía liderar y de cómo te han dirigido. Situaciones en las que han tenido que hacer actividades extra, construir relaciones. Una labor de servicio comunitario dice mucho porque indica que la persona va más allá de la actividad normal. Los grupos de teatro son geniales porque es sinónimo de labor en equipo, del montaje de una producción, de que la persona ha lidiado con el estrés, ha memorizado frases de diálogo. Y todas esas cosas son de utilidad en nuestro trabajo. Es decir, tengo una gran memoria, puedo recordar recetas. Los deportes también son positivos, pues son muestra de trabajo en equipo, de que la persona ha recibido críticas, ha cambiado de dirección para hacer algo mejor, ha recibido comentarios y ha hecho algo mejor.

Compromiso

¿Cuál es tu compromiso? Tenemos ¡socios (empleados) que vienen a trabajar y están encantados de aprender. Hacen preguntas y están entusiasmados por aprender. La otra persona es la persona a la que nada le importa y no termina de estar presente. No capta la idea, pero lo peor es que no se preocupa lo suficiente como para captar la idea. Este bien puede ser un trabajo a tiempo parcial, una etapa en el camino de alguien hacia lo que realmente quiere hacer en la vida, pero por mi parte quiero saber cuál es su compromiso con nosotros. He tenido muchos socios excelentes que entran a trabajar con nosotros pero tienen otros proyectos en la vida, y a la vez entienden que necesitan ganar dinero hasta que logren esos objetivos más importantes. Creo que Starbucks es flexible, pero debes estar completamente presente cuando se supone que debes hacerlo.

Consistencia

El hecho de ser un entendido en café no significa que vayas a ser la mejor opción para Starbucks. Nosotros seguimos recetas estrictas. Este no es un lugar para hacer tu bebida como crees que debería ser. Estás obligado a aprender unas recetas específicas y atenerte a ellas de forma consistente, porque nuestros clientes quieren la misma receta de vainilla en este local que en otro local situado a 150 kilómetros de distancia. Starbucks es así: el cliente sabe que va a disfrutar de la misma receta exacta cada vez que entre por la puerta.

Personalización

A los clientes de Starbucks les gusta la personalización. A veces piden cosas nuevas. Es una forma estupenda de aumentar un ticket promedio. ¿Quieres otra bebida en la mesa? ¿Quieres probar otras cosas que no sean lattes? Estás incrementado su gasto, claro, pero también estás mejorando la experiencia del huésped. Quien bien puede recordarlo y volver, porque le han gustado tus recomendaciones.

Formación

Por lo general, los nuevos empleados tienen ocho horas de capacitación informática: ordenador y video para aprender el funcionamiento general y tener las ideas claras. Dos semanas con el formador de baristas, para aprender sobre el goteo, vertidos, preparación de bebidas espresso, frappes, trabajo en la caja registradora y en la sala. Les damos a las personas un desglose de las recetas para que las vean. Las bases de las recetas son siempre las mismas, así que puedes preparar solo la mayoría de las consumiciones, o conocer bien su base.

> **Lavamos los platos, limpiamos los baños, fregamos los pisos, hacemos los cafés... Lo hacemos todo. No nos limitamos a preparar consumiciones y sonreír.**

Mantener la serenidad en las horas punta

No todo es de color de rosa. En las horas punta, como la de la cena, estás obligado a limitar tus expectativas. La comunicación puede ser más corta en esos momentos abrumadores. Las personas pueden ser un poco más secas cuando se comunican en esas situaciones intensas, pero eso no significa que estén enojadas. Es posible que no tengan tiempo para preguntar de manera amable. Me interesa contratar a empleados que sepan manejarse en estas situaciones.

Velocidad

Rápido y amigable, ¿cómo ser las dos cosas a la vez? Hay que ser amigable, pero tienes que mantener la línea en movimiento. Si sabes lo que el cliente acaba de pedir, puedes anticipar su preparación y ahorrar tiempo. Hacemos de ochenta a cien pedidos cada treinta minutos.

El panorama completo

Lavamos los platos, limpiamos los baños, fregamos los pisos, hacemos los cafés... Lo hacemos todo. No nos limitamos a preparar consumiciones y sonreír. A veces la gente no lo ve todo. Pero debes hacerlo. Soy gerente en un local y también tengo que limpiar los baños.

21

Adiós

Terminar la experiencia del huésped con fuerza

Llevo muchos años trabajando detrás del mostrador y en restaurantes y me he fijado en que muchas veces se olvida un elemento crucial en la interacción con el cliente: el adiós. Se olvida por muchas razones y en el peor momento posible. Un cajero saluda a su huésped en el mostrador, le da los buenos días, le ayuda a entender el menú, le explica algunos platos, le hace todo el pedido, le da un recibo o le da un número, le pide que pase su tarjeta de crédito, le pide al cliente que dé propina o no, el huésped elige un porcentaje de la propina, presiona OK. El cajero pregunta si desea un recibo. Esperamos que el cajero agradezca al visitante y le informe del tiempo de espera previsto para su pedido. Inmediatamente se dirige a la siguiente persona en la fila y dice: "Siguiente".

Pero se ha olvidado el adiós. El adiós que sigue al agradecimiento. "Que tengas una buena noche, hasta pronto". "Disfruta de la tarde". Todas estas fórmulas son válidas. Estas son las formas en que puedes despedirte. Solía llamarlo "el balón suelto en la línea de gol". Desafortunadamente, he visto a muchas mesas levantarse de una experiencia en una cafetería, un restaurante informal, incluso una buena cena, y caminar desde su mesa hasta la puerta sin que nadie les diga nada. Los empleados muchas veces se olvidan del adiós.

Cuando dices gracias, es por el huésped que paga por los servicios y productos que proporcionaste. Cuando te despides, le estás deseando un buen resto de su día. Son dos cosas distintas. Por lo general se suceden la una a la otra con rapidez, y nunca hay que olvidarlas en relación con el visitante que ha elegido entrar en tu negocio y comprar algo. Cualquier negocio, diría, pero ciertamente en un negocio de hospitalidad. A veces no he recibido ni un agradecimiento ni un adiós, y mi probabilidad de regresar es escasa. Si consigo una de las dos cosas, me siento feliz. Pero si me dicen ambas cosas y lo dicem con sentimiento, es una excelente manera de terminar una interacción. Y casi siempre volveré si también disfruté del producto ofrecido.

La experiencia del cliente no termina hasta que ha salido por la puerta.

Es un poco raro que no digamos adiós a los visitantes. Todos sabemos lo que es salir de una fiesta o un evento sin que alguien se despida de nosotros. No es una sensación bonita. A menos que estés tratando de escabullirte del lugar, de marcharte desapercibido. Mi amigo Josh Goldman solía decir: "¿Alguna vez has dejado que un invitado se marche de tu casa sin despedirte de él? No. Sería muy raro. No hacemos eso, así que ¿por qué nos olvidamos de hacerlo en nuestros restaurantes?"

La experiencia del cliente no termina hasta que ha salido por la puerta. Intenta conectar con él por última vez antes de que se vaya. Sé que puede ser difícil cuando andamos cortos de personal o en las horas punta del día. Es posible que no tengas la oportunidad de despedirte de todos los visitantes, pero no permitas que se convierta en algo habitual. El riesgo en los establecimientos de servicio en barra es que los empleados piensen que la interacción termina tan pronto como el huésped abandona el mostrador. Esto no es así. Haz lo posible por hablar con el cliente, cuanto más mejor, pregúntale si está disfrutando de sus bebidas o comidas, y ciertamente deséale una buena noche. Así hay más probabilidades de que regrese. Un gran servicio hace que la gente vuelva, y despedirse de tus huéspedes forma parte de un gran servicio.

22

Thom Crosby

Presidente – Pal's Sudden Service

Thom Crosby es el propietario del galardonado Pals Sudden Service, unos restaurantes de comida rápida que se encuentran en Tennessee y en todo el sur de Estados Unidos. Pals Sudden Service fue uno de los primeros restaurantes de comida rápida en el país en ganar el Premio Nacional de Calidad Malcolm Baldridge, el más alto honor presidencial de la nación por la excelencia en el desempeño a través de la innovación, la mejora y el liderazgo visionario.

Saludar al visitante

Nuestros estándares de servicio son: estar siempre presente y nunca dejar que un cliente se acerque a una estación de pedido y tenga que esperar. (Así que siempre has de estar en tu estación correspondiente. Inmediatamente establece contacto visual, sonríe, inclínate hacia el cliente, hacia su espacio; muéstrate alegre y optimista en la charla y conversación). Tenemos las cosas muy claras a este respecto.

Siempre estamos en lo positivo y queremos una despedida enérgica y agradable. En nuestra zona del país siempre se oye a la gente decir: "Que te vaya bien". Es algo que siempre me emociona de verdad. "¿Qué tengas uno bueno?" ¿Y con eso qué quieres decir? ¿Tener un buen qué? Tienes que ser detallado al respecto. Precisa y di "Que tengas una buena tarde" o "Que tengas una buena noche" o "Que tengas una buena mañana". Creemos que es importante que muestres respeto por los demás.

Aptitudes profesionales

Tratamos de comunicar a nuestros empleados que hay ciertos aspectos en los que estamos formándolos, unos aspectos que les serán útiles el resto de su vida, sin importar la carrera profesional concreta. Si sigues algunas de las indicaciones que te enseñamos, destacarás allí donde otros tal vez no lo hagan. La comunicación y la forma en que te expresas es uno de estos aspectos claves.

Dedicamos largo tiempo a hablar con ellos sobre sus propias personas: "Mañana serás lo que practicas hoy". Intentamos que puedan visualizarlo. ¿Vas a iniciar una carrera médica? ¿Una carrera de ingeniería? ¿O en el ejército? Estas son formas de comunicación que te pedimos que practiques, y te garantizo que, ya sea que vayas a ser un simple trabajador o un directivo líder en cualquier otro sector, cuanto más efectivo comunicador seas, más alto y más rápido vas a lograr el éxito que deseas, sin importar cuál sea tu carrera. Si puedes conseguir esto, vas a sobresalir en el futuro. Mañana serás lo que te practicar hoy. Y tu personalidad brillará a través de todo esto.

Autenticidad

La autenticidad para nosotros comporta dos aspectos. La autenticidad de la marca y tu propia autenticidad como individuo. Lo que queremos es aunar las dos. Les decimos a nuestros empleados: aquí están nuestros estándares, sobre todo en relación con el servicio y el comportamiento personal; aquí hay un límite superior e inferior; aquí está el rango estándar: puedes moverte entre esos dos límites con total libertad, mientras te mantengas en el rango estándar.

Aceptar comentarios y críticas

¿Estás recibiendo críticas del cliente? ¿Y cómo las aceptas? ¿Y estás recibiendo críticas de un compañero o un directivo de la empresa? ¿Y cómo las aceptas? Hablamos constantemente con el personal sobre los problemas, que nosotros llamamos oportunidades, para darles un giro positivo. El cliente (o directivo o compañero) se preocupa lo suficiente por nosotros como para señalar dónde hay una oportunidad para que mejoremos. Nos están dando el regalo de la retroalimentación, y tenemos que estarles agradecidos por ello.

> **Mañana serás lo que te practicar hoy**

Clientes internos

Capacitamos a las personas sobre cómo responder: "¿Quién es tu cliente?" El cliente final es el cliente que paga, pero mi cliente interno es el empleado que prepara los emparedados. Uno de los aspectos que hemos configurado culturalmente es que existe una relación "proveedor-cliente" en nuestra empresa entre cada empleado. Y nuestra misión establece que vamos a "deleitar a todos los clientes de una manera que cree lealtad", y eso también significa clientes internos. Y así, hemos establecido esta mentalidad positiva: tú eres mi cliente internamente, y la forma en que nos comunicaremos con estos clientes internos eventualmente será la misma forma, de alto estándar, en la que lo haremos con el cliente de pago final.

Cambios de trabajo

Si cambias de trabajo con demasiada frecuencia, es posible que tengas múltiples aprendizajes en los que solo estás rozando la superficie, sin llegar a inmersiones profundas. Y si aspiras a convertirte en un activo verdadero y valioso, en el futuro más que nada, cuanto más profundices, más comprenderás un concepto, los aspectos que hay detrás del concepto y las cosas que realmente impulsan los resultados. Entonces tendrás la capacidad de tomar lo que sabes y lograr replicarlo.

Certificación

Tenemos la tecnología de capacitación y los métodos de formación indicados para lograr que cualquier empleado que ingrese a la empresa saque un 100 en su graduación. Para nosotros, la graduación no lo es todo. La certificación a largo plazo es más importante que la graduación. Lo que el mundo real quiere es otra cosa: ¿qué puedes hacer y repetir una y otra vez? ¿A qué nivel puedes hacer eso, una y otra vez? ¿Cómo puedes capturar una bola curva y golpearla? ¡Porque te las arreglas para golpearla cada vez! Y nada te pasa. Lo estás haciendo en el mundo real y lo estás replicando una y otra vez.

Calibración

Tenemos la firme creencia de que las personas, como una máquina, con el tiempo pierden calibración. Como sucede cuando necesitas tu auto puesto a punto. Todos los seres humanos necesitan de recalibración; yo también la necesito. Tenemos un sistema electrónico que engloba a todo los empleados, con un algoritmo que nos dice si es hora de dejar en blanco su capacidad para trabajar en esa estación, ya no se le considera capacitado o certificado en esta estación específica, ya no puede trabajar en esta estación o ser asignado a esa estación hasta que haya vuelto a verificar y vuelva a ingresar al sistema. Entonces estás certificado de nuevo para trabajar en esa estación concreta. Para hacer que esto funcione con 1.200 empleados, estamos recertificando a las personas en las estaciones todos los días del año. Es solo una nueva verificación de que todos entienden, pues tiene por objetivo alcanzar ese estándar superior de forma constante. Y nuestro compromiso con eso también se aplica a mí, el CEO de la compañía. ¡Todos en la empresa pasan por una recertificación! Tenemos esta gran red que nos atrapará y nos devolverá al estándar deseable.

Sobre el riesgo de dedicar tanto tiempo a la formación constante de unos empleados que tal vez después se marchen:

¿Qué pasa si no lo hago y se quedan?

23

Denise Rodriguez

Profesional de la hospitalidad - Nueva York

Conocí a Denise en NY Pizzeria Suprema, cuando se acercó y me ofreció un amable saludo. Quería asegurarse de que estaba disfrutando de una gran experiencia mientras comía porción de pizza. ¡Era el caso! NY Pizza Suprema es uno de los locales de pizza más populares de la ciudad, situado justo delante del Madison Square Garden. Denise ha trabajado en toda la ciudad en una variedad de áreas de la hospitalidad.

Calzado

Lo primero que debes hacer es asegurarte de llevar calzado sólido, que te sustente bien. Ya sabes, zapatillas negras, suela de goma, algo acolchado, con arco en la suela interior. Porque vas a estar de pie durante mucho tiempo. No querrás resbalar y caer. Por eso siempre recomendamos al personal zapatillas con suela de goma. Si pueden ser de color negro, mejor: ya que se ven más limpias, más elegantes.

Un encanto

Empecé a trabajar en hostelería siendo aún muy joven. Probé con el sector de la comida porque era rápido, dinámico, bonito. Conoces a gente de todas las procedencias. Me encantó. Porque me encanta hablar con la gente, me encanta hablar con los clientes y con los invitados. Tienes que tomarte el tiempo si quieres ayudar a alguien. Deja que salga de tu corazón y ayuda a la gente con alegría. Me encanta hacer que se sientan bienvenidos, que se sientan amados, porque me gusta que me traten así.

> **HAY QUIENES LO PASAN MAL. NO TE MUESTRES BELIGERANTE, PUES NO SABES POR QUÉ ESTÁN PASANDO, CÓMO ES SU DÍA A DÍA, CÓMO ES SU VIDA. SÉ AMABLE, SÉ CORTÉS, SÉ AMABLE.**

Haz preguntas

Cuando trabajaba en una tienda de bagels en Brooklyn, me encantaba contratar a personas que no tenían experiencia pero sí curiosidad. Vería algo en ellos y diría: "Este es el tipo de persona que quieres moldear, este es el tipo de persona que quieres entrenar, que quieres levantar. Quieres que crezcan dentro de la empresa ". Hacen preguntas. Si solo vas a un trabajo y no haces preguntas y no estás motivado, no vas a aprender nada.

Dale la vuelta

Hace muchos años, cuando formaba al personal de una charcutería en el West Village, algunos de nuestros clientes habituales eran personas muy difíciles. Y yo decía a mi gente: "Sabes qué, dale la vuelta a la situación. No te obsesiones con ellos. Dale la vuelta a la situación, porque no sabes cómo es la vida de esas personas. Hay quienes lo pasan mal. No te muestres beligerante, pues no sabes por qué están pasando, cómo es su día a día, cómo es su vida. Sé amable, sé cortés, sé amable. Dale la vuelta a la situación. Sí, ya sé que entran con cara de malas pulgas, que hacen gala de malos modos, que nos ladran. Dale la vuelta a la situación.

Salúdalos atentamente. Bríndales unas palabras amables. ¿Y cuál fue el resultado de esta decisión...?

Grandes entornos de trabajo

Si trabajas en un entorno tóxico, la negatividad se va a propagar. Si trabajas en un gran ambiente, donde todos están al mismo nivel, todos están animando, son dedicados, aman lo que están haciendo, el entorno entonces es tonificante, como una medicina. Entiendes lo que quiero decir, ¿no? Vas a trabajar y es, "Buenos días. ¿Como estás?" te sientes bien. Bromeamos entre nosotros Y A LA VEZ hacemos el trabajo. Luego, los clientes vienen con: "Oye, ¿cómo estás? ¡Buenos días! ¡Sí, te amo!" Disfrutas de ese ambiente, y se siente muy bien porque todos están en el mismo nivel. Es como si todo el mundo se sintiera bien y positivo. Todo el mundo se las arregla para que sus tonterías y aspectos negativos personales estén ausentes durante las horas del trabajo, y así es como tiene que ser.

Cuando se agotan las existencias

Quedarse sin artículos porque no has avisado a la gerencia resulta frustrante y arruina toda tu energía. Has de hacer lo posible por comunicarte, la cosa tiene que importarte. Es lo único que te empujará a hablar con el encargado o con quien sea que esté haciendo los pedidos para informarle: "Por cierto, escucha, estamos bajos de esto y lo otro". Tienes que asegurarte de tenerlo todo almacenado, nunca tengas dudas. Tienes que comunicarte. La clave está en comunicar, comunicar, comunicar. Tienes que averiguar [lo que se te está acabando] porque si no lo haces, no solo es malo para la empresa y malo para esa persona que no se está comunicando, sino que también es malo para el cliente.

Lo más importante en el mundo [para un negocio] es el boca a boca, por lo que si constantemente le dices a los clientes: "Oh, no tenemos esto. Lamento que no tengamos eso ", el cliente se dirá que ese local es ridículo, ya no voy a ir allí. Entonces, pierdes a ese cliente, pierdes la venta y tu reputación. Muy mal,

¿verdad? Cuando descubres en el último minuto que falta alguna cosa, bueno, realmente no hay nada que puedas hacer. Pero la comunicación es fundamental. Lo he visto en incontables establecimientos, y todo se arregla con una simple palabra. Comunicación.

Conocer los eventos locales

Tener un calendario de los espectáculos y las actuaciones que van a tener lugar en el Madison Square Garden es una gran ventaja. Está justo detrás de nosotros, de manera que todos lo tenemos claro. Es una gran ayuda porque eso nos prepara. Sabemos lo que está pasando para poder estar listos. Los meseros, son conscientes de lo que está pasando, por lo que pueden decir: "Oh, los Knicks están jugando contra los Celtics". O el partido que sea, o el evento que sea. Son capaces de tener una conversación con los clientes, allí mismo.

Entusiasmo por aprender

Estar abierto a cosas nuevas con frecuencia es lo más importante. Si me gusta la forma en que trabajas, me gusta la forma en que interactúas con los demás, me gusta tu espíritu, me gusta tu trabajo en equipo, ¡eso es genial! Pero si alguien comienza su nuevo trabajo y no tiene eso y no tiene una mente abierta, no trae ese entusiasmo para entrar y aprender, con la idea de crecer y hacer que ese trabajo funcione, esa persona entonces no vale. Hay que tener ese entusiasmo.

24

MI JEFE/MI AMIGO

MANEJARSE CON LOS CAMBIOS DE ROLES Y AMISTADES

Una de mis cosas favoritas de trabajar en la hostelería es lo rápido que se desarrollan las amistades. Estoy seguro de que sucede porque trabajamos juntos en entornos de ritmo rápido, impulsados por el equipo y tenemos que depender unos de otros. Debe haber mucha comunicación y comprensión, y las relaciones se desarrollan en muy poco tiempo. Por lo tanto, las relaciones laborales pueden superponerse rápidamente con nuevas amistades. ¡Genial! Así es como he hecho algunos de los mejores amigos en la vida.

Sin embargo, esa superposición de relaciones laborales y amistades a veces puede causar cierta fricción. Al principio de mi carrera profesional en restaurantes y bares, tuve que aprender una lección de forma repetida. Como rápidamente me hice amigo de las personas con las que trabajaba, caí en la trampa de olvidar que mi jefe era mi jefe, mientras que yo solo veía nuestra relación como una amistad. Esto sucedió con los supervisores y gerentes directos. A veces me volví demasiado informal con respecto a su dirección y comentarios, y esto me llevó a algunos momentos de aprendizaje difíciles pero fructíferos para mí.

Una amiga que conocía me ofreció casualmente un trabajo en su empresa en el departamento de eventos. Ella era una de las líderes de la división y necesitaban un camarero de relleno para su personal de catering. Con mucho gusto acepté el trabajo. En mi primer día la vi caminando con algunas personas mientras organizábamos una fiesta para unos cientos de personas. Grité: "¡Oye Laura! ¿Cómo va eso?" Me saludó con la cabeza, pero su expresión era de extrañeza.

Otro de los camareros me dijo: "Ese hombre que anda con Laura es el presidente del equipo de Los Angeles Kings; esta noche celebra su fiesta". Caí en la cuenta de que, por amigos que fuésemos fuera del trabajo, la ocasión requería un tipo diferente de comunicación. Nuestros roles respectivos eran diferentes.

Como rápidamente me hice amigo de las personas con las que trabajaba, caí en la trampa de olvidar que mi jefe era mi jefe, mientras que yo solo veía nuestra relación como una amistad.

Otra oportunidad de aprendizaje llegó cuando había estado haciendo de barman durante unos años en un lugar de Hollywood. Mi gerente, que se había convertido en mi amigo en los cuatro años transcurridos desde mi contratación, vino a hablar conmigo. Me preguntó si las cosas estaban bien. Se daba cuenta de que yo últimamente no estaba tan amigable y se preguntaba si estaba molesto con algunos clientes, pues ahora mostraba menor concentración.

Me molestó mucho que dijera estas cosas. Respondí: "Pensé que eras mi amigo".

Él dijo: "Soy tu amigo, pero también dirijo este negocio, y debo asegurarme de que estamos haciendo lo mejor para el negocio. Soy tu gerente aquí primero". Me llevó cierto tiempo entender bien sus palabras. En retrospectiva, fue una de las mejores y más honestas cosas que un gerente me ha dicho.

Esta es una lección que he aprendido una y otra vez, y cada vez se volvió mucho más fácil. A lo largo de muchos años en este negocio, he aprendido a equilibrar mis relaciones de trabajo con mis relaciones de amistad. Me gusta trabajar con personas que disfruto, hacerme amigo de mis compañeros y supervisores. Pero es preciso entender que nuestros supervisores y gerentes tienen un trabajo que hacer y que debemos respetar esa relación con ellos. En última instancia, debemos asegurarnos de que se satisfagan las necesidades comerciales y de que siempre estemos trabajando en equipo para lograr nuestros objetivos.

> **Muéstrate abierto al nuevo liderazgo y dirección de las personas que ahora están asumiendo más responsabilidad. Los éxitos de tus amigos no son tus fracasos.**

Podemos hacernos amigos de nuestros jefes, o nuestros amigos pueden convertirse en nuestros jefes. Las relaciones en el trabajo cambiarán y nuestra dinámica de trabajo cambiará. Es parte de trabajar con un equipo por un tiempo. Si permaneces abierto al cambio y apoyas a tus compañeros de trabajo en sus nuevos roles, tendrás una transición mucho mejor que si no eres consciente del apoyo que necesitan de ti. Y con suerte, lo mismo sucederá con sus compañeros de trabajo cuando obtenga un ascenso y sus responsabilidades laborales sean otras.

Tuve una experiencia en la que comencé a trabajar en un establecimiento con un amigo, y me ascendieron a supervisor con rapidez. Pero él seguía haciendo bromas en nuestras revistas de turnos y haciendo tonterías cuando se suponía que yo estaba liderando el equipo. Habíamos bromeado mucho cuando no estaba en una posición de supervisor. Fue una transición difícil para los dos. No quería "tirar del rango" ni nada de eso, pero en cierto momento lo llevé a un lado y le dije que necesitaba su apoyo. "Sigues socavándome y bromeando cuando le digo al equipo que tenemos que hacer algo". Me sorprendió. Me dijo que lo entendía totalmente. Y fuimos geniales a partir de entonces. ¡Eventualmente se convirtió en el gerente de todo el local!

Habrá cambios en los roles en los lugares donde trabajas. Trata de recordar que hay que apoyar esas promociones. Muéstrate abierto al nuevo liderazgo y dirección de las personas que ahora están asumiendo más responsabilidad. Los éxitos de tus amigos no son tus fracasos. Son una oportunidad para que los apoyes y hagas de las necesidades del negocio tu prioridad cuando estés en el trabajo.

25

CHARLES BABINSKI

COFUNDADOR - GO GET EM TIGER

Mi esposa me presentó a Go Get Em Tiger porque le encantan sus locales en Los Feliz y Highland Park. Después de haber visitado ambos muchas veces, descubrí que el servicio es mejor que el café. Y el café es increíble.

Contratación

Siempre he recurrido a un tipo de prueba con tres puntos clave que funciona muy bien. Número uno: ¿la persona es bondadosa y amable? En términos generales, si tienes la sensación de que alguien es una persona amable que quiere cuidar a otras personas, eso es solo la base. Actuando por su propia voluntad, generalmente dará buenos resultados. Y actuando como empleado de la empresa también brindará buenos resultados. Dónde esas dos cosas se cruzan y dónde divergen es otro cantar, pero la amabilidad es de suma importancia.

En segundo lugar, ¿tienen claro cuál es el trabajo a realizar? En las cafeterías especializadas de alto nivel se da una paradoja: mucha gente piensa que su trabajo en una cafetería de lujo va a ser probar el café y hablar sobre los sabores y el cosechero de turno. Siendo realistas, gran parte del trabajo es limpiar, organizar, apresurarse para hacer las cosas. Todo el mundo quiere dar descripciones de sabor, y nadie quiere limpiar los inodoros cuando se desbordan. Y hay una especie de ritmo, una realidad del servicio de cafetería que siempre tratamos de precisar en la entrevista: ¿Sabes cómo es esta labor? ¿Sabes lo que te espera?

Tercero, ¿están dispuestos a hacer ese trabajo? Yo diría que cada vez que contratábamos a alguien que abordaba estas tres cuestiones del modo correcto, al final resultaba ser un buen empleado, al que valió la pena contratar. Y cada vez que un empleado no funcionaba del modo previsto, o se adaptaba de forma nefasta, el problema por lo general estaba ligado a uno de esos tres aspectos.

El trabajo de la jornada

Es servicio: estás hablando con la gente, manejando los problemas de la gente, manejando las complicaciones que surgen a lo largo del día. La idea que muchos tienen del trabajo en una cafetería especializada en realidad no pasa de ser el 5 por ciento después de haber hecho satisfactoriamente el otro 95 por ciento del trabajo en el local. Obviamente, ese 5 por ciento es fundamental, es realmente importante, y es lo que nos define, pero la forma de llegar a eso es haciendo bien las otras cosas.

Realmente nos considerábamos ante todo un negocio centrado en el servicio, y ese era siempre el valor máximo y lo más importante. Satisfacer las necesidades de los clientes, satisfacer a los clientes del modo necesario, actuar con amabilidad, incluso interactuando con clientes difíciles, todo eso es muy importante. ¡Este es exactamente el trabajo! Vas a tener una ola de personas que van a estar interactuando contigo antes de que hayan tomado su café del día y, ya sabes, tienes que estar listo para ello. Los empleados más respetados—en el sector y en nuestro establecimiento-- son los capacitados para llevar esos valores a la práctica, a un alto nivel.

Confianza

Sabes, la cantidad de personas que intentan aprovecharse de ti es bastante pequeña: los problemas de la mayoría de las personas son problemas reales, por lo que confiar en que el cliente sea honesto también es algo completamente razonable. La mayoría de las interacciones verdaderamente malas con la clientela tienen relación o se ven agravadas por cierta desconfianza a lo largo de la cadena: el barista no confía en el cliente, el gerente no confía en el barista, el barista no confía en sí mismo. Cuando todo eso queda patente y se habla con claridad, los problemas se vuelven mucho más fáciles de resolver.

> **REALMENTE NOS CONSIDERÁBAMOS ANTE TODO UN NEGOCIO CENTRADO EN EL SERVICIO, Y ESE ERA SIEMPRE EL VALOR MÁXIMO Y LO MÁS IMPORTANTE. SATISFACER LAS NECESIDADES DE LOS CLIENTES, SATISFACER A LOS CLIENTES DEL MODO NECESARIO, ACTUAR CON AMABILIDAD.**

La cafetería como punto de contacto

Hablamos explícitamente de que una cafetería es un punto de contacto realmente significativo para las personas que descubren el vecindario o exploran una ciudad, y eso siempre se consideró un buen servicio, que vale la pena brindar. En nuestra tienda en Grand Central Market [en Los Angeles], nos consideramos una especie de oficina turística del centro de la ciudad. Nos hacen un millón de preguntas sobre Angels Flight [una antigua atracción ferroviaria] u otras atracciones del centro. Con el resultado de que vas empapándote de información. Ese es el objetivo preciso. Quieres ser capaz de sugerir restaurantes, quieres ser capaz de sugerir lugares a los que ir, quieres decir: "¡Oye, echa un vistazo a esta cosa genial!" Además de poder decirle a la gente dónde están los baños o dónde está el metro y todo eso. Tengo clarísimo que eso es lo mejor. Esa es una de las mejores cosas de las cafeterías: vas a una nueva ciudad, encuentras una cafetería y empiezas a hacer preguntas. En mi opinión, los empleados de la cafetería de turno suelen estar mejor informados que otros profesionales del sector servicios.

Servicio

En una cafetería que hace un buen servicio, te motiva un nivel de disciplina y un nivel de empatía que siempre está ahí. No se va a encender o apagar dependiendo de que alguien te dé dinero. Creo que eso es genial, y realmente tengo un respeto extraordinario por los profesionales en los Estados Unidos y otros países. Hay un nivel y un respeto por el servicio que aquí es realmente alto y está mejorando, y vale la pena invertir en él, porque es una aptitud significativa, una aptitud muy importante. Si eres alguien que interactúa con las personas a diario y estás proporcionando este punto de contacto significativo con disciplina, habilidad y comprensión de tu comunidad, es decir, una persona que está mejorando su comunidad: un mejor lugar para vivir, un mejor lugar para interactuar con otras personas, encontrar más oportunidades, vivir una vida más significativa... es una cosa pequeña, pero suma. Las cafeterías tienen que ver con cosas pequeñas y significativas que van sumándose a lo largo de meses y años. Si puedes servir a las personas y conocerlas en ese nivel, y ser parte de una comunidad...tendrás éxito.

26

Seguridad

Tomarse el tiempo necesario para prestar atención a la seguridad

Me he cortado la punta del pulgar, he tirado de la espalda, he sacado un músculo lateral moviendo una pila de sillas, he usado muñequeras y brazaletes escondidos debajo de las camisas, he empapado mis pies en una bañera después del trabajo, y así sucesivamente. El estrés se ensaña con partes del cuerpo, ocurren lesiones y se dan accidentes, en cualquier trabajo del que estemos hablando. He hecho algunas tonterías y he desarrollado algunas buenas rutinas para el autocuidado. Antes solía pensar que todo formaba parte del negocio, de cualquier trabajo de restaurante. Pero la mayor parte de estos contratiempos se podían prevenir. La seguridad es una de esas cosas que es muy fácil olvidar cuando pasamos mucho tiempo interactuando con huéspedes o clientes. Puedes despistarte fácilmente. En este negocio, dedicamos mucho tiempo a la multitarea, realizando una tarea mientras hablamos con un huésped o compañeros de trabajo, y en esas interacciones, podemos olvidar la forma correcta de realizar las tareas o las precauciones que debemos tomar antes de hacer algo.

Algunos consejos:

En primer lugar, el calzado. Calzado con suela de goma. Me he acostumbrado a esto, después de haber trabajado en y alrededor de la comida durante mucho tiempo, pero recientemente visité una cocina con zapatos de vestir (suelas de cuero) y casi me caigo de culo. El calzado con suela de goma, cómodo y de apoyo, es esencial para la seguridad y el trabajo de pie durante toda la jornada.

Me encantan las personas que trabajan con rapidez. Es una gran cualidad. Pero hay que tomar unas cuantas precauciones importantes cuando te mueves rápidamente, levantas o transportas cualquier cosa. ¡La seguridad es lo primero! El mayor regalo que puedes darte a ti mismo es el momento de la evaluación. ¡Solo detente! Piénsalo un momento: ¿es esta la forma más segura de hacerlo? Si te das ese momento, habrás evitado la mayoría de las situaciones solo por tu conciencia del riesgo. Hay una razón por la que hay una técnica adecuada en cada video de formación que he visto, pero evaluar lo que vas a llevar primero es la clave para el siguiente paso correcto. ¿Es esta la forma más segura? ¿Puedes hacerlo tú mismo o necesitas a alguien que te ayude?

Tal vez te sientes cómodo picando alimentos rodeado de cuchillos, pero ten cuidado. Un día me rebané la punta del pulgar... que luego creció otra vez. Me sorprendió lo rápido que volvió a crecer. Y esto fue después de tomar un curso gratuito de manejo con el cuchillo, impartido por un chef increíble con el que trabajé. Presta atención. Aquella vez me sentí cómodo, engreído y distraído. Y cuando te distraes de la tarea, ocurren accidentes. Utiliza siempre los métodos correctos al cortar y preparar los alimentos. Limpia tus cubiertos y guárdalos de forma segura.

No te avergüences de tener un poco de apoyo. Me ocupé de la barra durante mucho tiempo y empecé a tener estrés en el antebrazo derecho. El movimiento repetitivo de verter me causaba dolores en el antebrazo derecho al llegar al final de mi turno. Me puse un dispositivo ortopédico apretado en torno al tendón, que hizo maravillas en relción con el dolor incesante. Eventualmente comencé a usar la mano y el brazo izquierdos tanto como los derechos. Al ser diestro, había estado ejercitando los derechos en demasía, pero una vez que comencé a usar los izquierdos, las cosas cambiaron y ya no me hizo falta la abrazadera ortopédica. Pude equilibrar el estrés alternando uno u otro brazo a la hora de verter las bebidas.

> ¡SOLO DETENTE! PIÉNSALO UN MOMENTO: ¿ES ESTA LA FORMA MÁS SEGURA DE HACERLO? SI TE DAS ESE MOMENTO, HABRÁS EVITADO LA MAYORÍA DE LAS SITUACIONES SOLO POR TU CONCIENCIA DEL RIESGO.

Los suelos han de estar bien limpios. Sé consciente. ¡Mira a tu alrededor y hacia abajo! Si trabajas con líquidos o con alimentos, los resbalones son muy posibles. Lo primero es trabajar con prudencia y seguridad, y no derramar nada. Ya hablamos de zapatos seguros, pero cuanto más te acostumbres a ver por dónde caminas y anticiparte a las áreas problemáticas, mejor estarás. Además, recógelo y límpialo todo. Puede que no sea su derrame o error en el suelo, pero cuanto antes se trate, más seguro será nuestro entorno de trabajo para todos.

Ten cuidado al mover los contenedores de un lado a otro de los grandes frigoríficos. A menudo, la condensación puede acumularse en el fondo del recipiente y es posible que no notes que gotea mientras andas. Puedes limpiar rápidamente la parte inferior antes de moverlo, pero mira bien el suelo para asegurarte de que no hayas causado accidentalmente un peligro para la seguridad.

Siempre me sorprende cuando entro al baño de la mayoría de los restaurantes y veo el desorden que la gente deja. No conozco los hábitos de lavado de manos de los hombres en los restaurantes, pero a menudo parece que alguien se bañó en el fregadero y dejó agua por todas partes. No sé cómo se las arreglan para hacerlo.

Pero aunque no lo entienda, por costumbre de trabajar en restaurantes, debo limpiar el agua del mostrador y ordenar antes de irme.

He trabajado en muchos locales donde la política era asegurarse de recoger bien el baño después de usarlo. Es decir, si ves algunas toallas de papel en el suelo, recógelas y ponlas en la basura. Si parece que la basura está desbordada, sácala al exterior y tírala. En el caso del fregadero, lo limpio y tiro las toallas de papel a la basura. Después de haber hecho esta recogida rápida, me lavo bien las manos y salgo.

SI VES UN DESASTRE, RECÓGELO. ES MEJOR QUE SEAS PROACTIVO.

El motivo por el que me sorprendo cuando entro en los baños de los restaurantes es que tengo claro que la mayoría de las personas que trabajan allí no limpian el baño después de usarlo. Simplemente recae sobre la persona que está programada para limpiarlo, si ese proceso existe. Esta es solo una de esas cosas que debes aceptar en la hospitalidad: si ves un desastre, recógelo. Es mejor que seas proactivo. La mayoría de los huéspedes usarán tu baño si es necesario, por lo que debe estar tan limpio como el comedor. Conozco personas que evitan los restaurantes porque nadie se ocupa de limpiar el baño debidamente. No asumas que la siguiente persona lo hará; simplemente recoge lo que puedas para mantenerlo limpio.

27

Vivian Ku

Chef/Propietaria – Pine and Crane, Joy

Me enamoré de Joy y Pine & Crane junto con todos los demás que esperan ansiosamente en la cola por su increíble comida. Vivian Ku premia a su personal, que es atento y optimista. Compartió conmigo algunas ideas sobre cómo funciona el sector.

La larga cola

Intentamos que la gente sepa cómo funciona la línea. Estamos constantemente pensando en formas de ahorrar más tiempo y facilitar las cosas a los visitantes en la medida de lo posible. A veces las personas esperan tanto tiempo en la fila que, cuando por fin llegan al mostrador, esa es nuestra única interacción con el huésped. Por lo tanto, hacemos que su experiencia valga la pena, y para ello nos aseguramos de ser pacientes con los huéspedes. Nos tomamos nuestro tiempo para explicar el menú. Nunca apresuramos a los clientes, asegurándonos de tener cuidado con cada huésped. El proceso se vuelve mucho menos abrumador, lo que redunda en una gran hospitalidad, en una hospitalidad consciente.

Trabajar con servicios de entrega de alimentos de terceros

Eso es difícil de gestionar porque, de alguna manera, son una continuación de nosotros mismos, los [repartidores de comida a domicilio de terceros] nos están ayudando a servir a nuestros huéspedes. No tenemos control sobre quién entrega la comida. No contratamos a los repartidores, obviamente. Pero creo que es reconocer que probablemente llegaremos más lejos si todos trabajamos juntos. Muchos de ellos solo están tratando de hacer lo mejor que pueden, y a veces se sienten frustrados porque puede haber un retraso. De hecho, tenemos objetivos compartidos: solo quieren hacer la entrega de la manera más rápida y segura posible, por lo que creo que tratar de recordar eso es importante.

QUEREMOS ASEGURARNOS DE QUE NO SOLO TRATAMOS BIEN A NUESTROS HUÉSPEDES, SINO QUE NOS TRATAMOS BIEN ENTRE NOSOTROS, COMO EL EQUIPO QUE SOMOS, Y ESO TAMBIÉN DEBERÍA EXTENDERSE A LOS REPARTIDORES.

A veces, alguien tiene que establecer el tono en términos de cómo queremos que vaya esa relación. Estamos en la industria de la hospitalidad y queremos asegurarnos de que no solo tratamos bien a nuestros huéspedes, sino que nos tratamos bien entre nosotros, como el equipo que somos, y eso también debería extenderse a los repartidores. Pero al igual que con los huéspedes y con nuestros propios compañeros de trabajo, creo que la gente tiene malos días, y en esta industria a veces estamos llamados a dar a la gente el beneficio de la duda, y una vez que lo haces, los resultados son muy positivos. Haz lo posible por ser comprensivo y magnánimo, y muchas veces verás que el otro cambia de humor, y luego, de repente, formas una relación con él. Ahora conocemos a muchos de nuestros repartidores por su nombre.

Dejar la comida y volver a chequear

Siempre le recuerdo a nuestro equipo que hacer un pedido en la caja registradora es genial. Es súper eficiente. La gente paga por adelantado, por lo que atendemos a más invitados por mesa de lo que lo haríamos en una buena cena o en un servicio completo. Pero conviene recordar que, debido a eso, no tenemos la oportunidad de verificar la calidad todo el tiempo, y no tenemos un servidor por mesa, por lo que, si a alguien no le gusta algo, no hay muchas oportunidades para averiguarlo. En entornos tradicionales, podrías preguntar cómo están las cosas y hacer que una persona eche un vistazo, al menos.

> **QUEREMOS ASEGURARNOS DE QUE LAS INTERACCIONES NO SE ACABEN UNA VEZ QUE HAYAMOS TERMINADO DE DEJAR LA COMIDA. CUANDO ERES UNO DE LOS MESEROS DE SALA, ESTÁS CONSTANTEMENTE HACIENDO UN BALANCE DE LO RÁPIDO QUE LA GENTE ESTÁ COMIENDO. ¿CUÁL ES LA DINÁMICA? ¿CUÁL ES LA SITUACIÓN?**

Aquí, todos tienen que ser muy conscientes del entorno, por lo que, si observas que alguien no toca un plato, debes ir corriendo hacia él antes de que termine la comida. Hay más probabilidades de que a alguien no le guste algo y se marche sin decir palabra, sin que nos enteremos de lo sucedido en realidad. Queremos asegurarnos de que las interacciones no se acaben una vez que hayamos terminado de dejar la comida. Cuando eres uno de los meseros de sala, estás constantemente haciendo un balance de lo rápido que la gente está comiendo. ¿Cuál es la dinámica? ¿Cuál es la situación? Si andas por la sala y notas que todos los demás en una mesa comen con apetito, pero una persona lo hace muy lentamente, probablemente sea hora de acercarse a hablar y ver. Creo que eso solo viene de ser consciente, de darse cuenta de que una situación así parece estar fuera de lugar, de que la expresión de esta persona está fuera de lugar. Entonces, el desafío es, ¿cómo te tomas el tiempo para ser consciente, observar esos detalles, cuando también estás corriendo tratando de hacer cinco viajes en tres minutos?

28

Omar Anani

Chef/Restaurador – Saffron De Twah, The Twisted Mitten Food Truck

Omar es el cocinero propietario de Saffron De Twah en Detroit, Michigan. Es dos veces finalista de James Beard como Mejor Chef en la región de los Grandes Lagos, así como Campeón Chopped del Great American Showdown: North.

Comida e historias

Cuando dirigimos un restaurante, todo gira en torno a la experiencia del huésped. Porque al final del día, la gente puede comer en cualquier lugar. La gente no compra lo que uno hace sino el porqué uno lo hace. Esa historia te conecta con la comida de alguna manera, forma o aspecto, y la comida de hecho es una agrupación de historias que despiertan recuerdos.

Preparado para la entrevista

Ven preparado para la entrevista. Te estás entrevistando para un trabajo, ¿verdad? Así que no vengas con chanclas y pantalones de pijama. Esa no es forma de presentarse a una entrevista. Busco a personas que quieran trabajar en mi restaurante. Que conozcan la historia del restaurante. Todo lo que necesitas es un par de búsquedas de palabras clave, así que utiliza la tecnología que está a tu disposición. Puedo decirte en qué año se formó la empresa, puedo decirte quién es el propietario, puedo encontrar artículos pertinentes. Ven preparado para hacer preguntas porque alguien que tiene preguntas que hacer, para mí, está comprometido. Yo pregunto: "¿De verdad quieres trabajar aquí? ¿Por qué quieres trabajar aquí? ¿Qué preguntas tienes que hacer? Efectúa tu propia investigación. Que sepas para quién vas a trabajar. Ven preparado a la entrevista. Haz ese trabajo preliminar, porque eso te hará más interesante.

Mentalidad de hospitalidad

Todo tiene que ver con la mentalidad. Creo que se necesita un cierto tipo de persona para estar en nuestra industria. A veces tenemos que tratar con personas que están enojadas, molestas o desagradecidas, y es nuestro trabajo cambiar eso. Nunca sabemos por lo que están pasando. No sabemos qué tipo de día están teniendo, pero sí tenemos oportunidades para mejorar su día.

Repetir el pedido

Confirma que las cosas están bien antes de que aceptes el dinero del cliente. Repítele la comanda. Obtén un sí o un no verbal, no solo un asentimiento con la cabeza. Si el pedido es realmente grande, di: "Oye, solo quiero asegurarme de que lo tenemos todo bien". Y a continuación, repásalo de nuevo con el cliente. Hay que prestar atención a los detalles.

Invertir en ti mismo

Si quieres ser un líder, tienes que invertir en ti mismo. Independientemente de lo que estés haciendo en la vida, ya sea como cocinero, como chef, como camarero, tienes que invertir en ti mismo. Si no estás invirtiendo en ti mismo, si no estás diciendo "Oye, necesito algunas clases de liderazgo. Oye, ni siquiera sé cómo leer un [Informe de pérdidas y ganancias]. ¡Que alguien me enseñe! Estas son las cosas que tienes que ser capaz de hacer para tener éxito. No puedes esperar que alguien simplemente te lo dé. Tienes que salir y conseguirlo por ti mismo.

Tu trabajo es atraer a la gente y vender cosas. Vende algunas cosas más y gestiona su experiencia.

Tómate tu tiempo

Tomarte el tiempo para explicar un artículo a un huésped te va a beneficiar diez veces más porque, aquí está la cosa: la cantidad de dinero que cuesta adquirir un nuevo cliente es mucho mayor que la cantidad de dinero que te costaría tomarte un minuto para explicar algo a ese visitante, creando un habitual. Os pondré un ejemplo básico. Trabajé en el mostrador este último fin de semana. Por lo general, nuestro aperitivo menos vendido de la lista siempre ha sido el Hummus Cargado. Al final del fin de semana, los [empleados] dicen: "Chef, ¿qué pasa? Acabas de hacer del hummus el aperitivo número uno en ventas en el restaurante durante el fin de semana. ¿Cómo lo has hecho? Les pregunté: "¿Cómo vendeis el Hummus Cargado?" Respondieron: "Bueno, todo el mundo sabe lo que es el hummus. Realmente no hay que explicar nada ".

Ya veo, repuse. Y procedí a explicarles cómo estuve explicando el Hummus Cargado, consiguiendo que tantos lo pidieran.

"Os cuento cómo es nuestro Hummus Cargado: lo hacemos partiendo de cero, empapamos nuestros garbanzos durante la noche. Luego los cocemos en la cocina. La parte cargada es absolutamente increíble: el conjunto cambia estacionalmente. En este momento se compone de tapenade de oliva, tomates, pepinos, salsas de almendras tostadas, nueces, pimiento de Alepo, zumaque, cítricos, aceite de oliva que hacemos en la casa y su elección de chips de pita o pan ". Cuando lo describes de forma tan deliciosa, el cliente dice: "¡Oh, déjame probar el hummus también!"

No importa si antes pidieron muchos otros platos, está claro que van a decir: "¡Sé que pedimos mucho, pero tienes que poner eso también!" Ese es tu trabajo detrás de la barra.

World of Wrestling

Esto es lo que la gente no entiende sobre el servicio tras el mostrador: el trabajo no se reduce a recibir pedidos de forma pasiva. Tu labor no es vender comida y punto. ¡En realidad eres como Vince McMahon! Vince McMahon, ya conoces al dueño de la WWE. Tu trabajo es crear una experiencia. Piensa en los luchadores profesionales: tienen que salir al escenario, ser extravagantes, ser extrovertidos, brindar este espectáculo tan vistoso. Hay que vender entradas, vender la mercancía. Y lo mismo sucede con el personal de servicio. Eres toda la organización mundial de lucha libre. Tu trabajo es atraer a la gente y vender cosas. Vende algunas cosas más y gestiona su experiencia. Asegúrate de que quieran más y vuelvan. Son todas estas cosas juntas, las que llevan a crear una experiencia. Y se supone que un empleado de mostrador tiene que hacer todo esto. En menos de un minuto.

Ventana para llevar

El trabajo de la persona encargada de la comida para llevar es hacer que la experiencia sea lo más hospitalaria posible. Cuando trabajaba en comida rápida, uno de mis primeros trabajos fue en Burger King. Una de las medidas de nuestra Calidad de Servicio fue la Velocidad de Servicio. Aprendí muy rápido trabajando en esa ventana que había una forma sencilla de despachar mis pedidos 10 veces más rápido. Se trata de los detalles y de hacer preguntas sencillas. Por lo general, cuando la gente se detenía en la ventana delantera [después de hacer su pedido en la ventana trasera], la persona en la ventana delantera decía: "Oye, ¿puedo traerte una pajita? ¿Puedo traerte un poco de ketchup? ¿Servilletas? ¿Salsas?

Entonces, cuando estaba en la ventana trasera, tomando la comanda, tenía buen cuidado de averiguar qué salsas y artículos querían mientras estaba allí, para que la persona en la ventana delantera pudiera comprobar que todo estuviera en la bolsa. Ese empleado solo tendría que abrir la bolsa de su cliente y verificar: "Tienes una hamburguesa doble con queso, papas fritas extra grandes, Coca-Cola Light, dos paquetes de ketchup y un pastel de manzana". Solo tenías que repetirles el pedido, confirmar que efectivamente era lo que habían solicitado y entregarles la bolsa. Y ellos se iban sin ni siquiera abrirla. Acababa de ahorrar 10 segundos de trabajo gracias a mi Velocidad de servicio. Todo eso vino de la formación que recibimos.

29

Cambio de aires

Saber cuándo irse

Para la mayoría de nosotros, llegará un momento en que sea hora de abandonar el lugar de trabajo. Como un amigo solía decirme: "¡Es hora de un cambio de aires, esta gente se ha vuelto loca!" Este amigo tenía por costumbre dejar los empleos con rapidez. El suyo no era un gran historial.

He visto a personas cambiar de aires por varias razones: porque estaban descontentas con su puesto de trabajo, con sus compañeros, con su jefe. Tanto si eres un empleado como un gerente, te animo a que hagas todo lo posible para comunicarte y ver si puedes encontrar una manera de quedarte en el establecimiento donde laboras. Muchas grandes empresas con las que he tenido el honor de colaboras tienen como gran prioridad trabajar con el empleado para lograr que se quede. Muchas de estas situaciones se resuelven ayudando a dos personas a trabajar juntas para encontrar una solución o ayudando a un gerente y un empleado a encontrar una mejor manera de comunicarse.

He dejado la mayor parte de mis empleos, por una razón u otra. Aunque me enorgullece decir que nunca me han despedido, una vez estuvo cerca. Cuando tenía dieciocho años, me dieron el ultimátum para ayudar a una empresa de saneamiento a limpiar cientos de orinales en un día caluroso en una pista de la Copa Winston en Sonoma. Lo que no formaba parte de mis funciones en ese empleo veraniego. Lo intenté y tuve que rendirme a las dos dos horas. Lo dejé al día siguiente. Esta fue también la única vez que nunca he dado un aviso con dos semanas de antelación al dejar un empleo. Mi papá se tomó muy mal que no les diera el aviso de dos semanas. Tuve que volver y disculparme con los propietarios al día siguiente. Me ofrecí a trabajar las dos semanas, pero se negaron. Fue una buena lección que aprendí desde el principio. Independientemente de la razón, haz todo lo posible para avisar a tu empresa con dos semanas de antelación si planeas cambiar de aires. Es una cortesía que cualquiera que se arriesgue merece de sobras.

El puesto de trabajo

Puedes llegar a un punto en el que no estés satisfecho con tu puesto actual. Tu empleo te aburre, te gustaría tener más responsabilidad, o simplemente, este trabajo ya no despierta tu entusiasmo. Todas estas cosas tienen sentido. Cuando lo veas así, vale la pena hablar con tu gerente sobre cómo entusiasmarse con el trabajo nuevamente o asumir un puesto distinto. Es posible que el puesto ese momento ya esté cubierto, pero al menos habrás puesto en marcha un diálogo y expresado que quieres aprender cosas nuevas. Si bien las cosas no siempre suceden de la noche a la mañana, ten paciencia. Después de haber agotado todas las opciones, si sigues con la impresión de que estás en el lugar equivocado, puede ser el momento de cambiar de aires.

Los compañeros

Es posible que haya estado trabajando con las mismas personas demasiado tiempo, que necesites un cambio o te sientas frustrado por la forma en que algunos miembros del equipo te tratan. Esperemos que puedas comunicarte bien con ellos o con tu encargado y encontrar una manera de mejorar esa relación de trabajo. Siempre date tiempo para conocer a las personas con las que trabajas, especialmente si eres nuevo. Se necesita algo de tiempo para establecer buena onda con la gente. Algunos de mis mejores amigos de la hostelería son personas con las que choqué cuando trabajamos juntos por primera vez. Pero si has hecho todo lo posible para mejorar sus relaciones laborales y sientes que no te quedan opciones...es posible que debas cambiar de aires. Cierta vez tuve un jefe agresivo que un día dijo a una empleada: "Así es como funcionan las cosas aquí; si no te gusta, qué quieres que te diga". Lo que supuso una luz verde. Para cambiar de aires.

HAZ TODO LO POSIBLE PARA AVISAR A TU EMPRESA CON DOS SEMANAS DE ANTELACIÓN SI PLANEAS CAMBIAR DE AIRES.

Agresión pasiva

La forma de mala comunicación que más detesto es el comportamiento pasivo-agresivo que está detrás de una falsa fachada de encanto y calidez: comentarios e indicaciones despectivas que tienen como objetivo hacerte sentir siempre que no eres lo suficientemente bueno para tu puesto. Lo que nada tiene que ver con la retroalimentación constructiva y la dirección genuina. Y puede provocar la división de los compañeros entre ELLOS y NOSOTROS, sin llegar nunca a la raíz del problema. Las personas a menudo recurren a un comportamiento agresivo pasivo cuando están descontentas y no pueden hacer mucho al respecto. Si te sientes frustrado o no tienes las herramientas para comunicarte directamente, comunícate con un mentor o gerente que creas que es bueno para la comunicación directa y busca su consejo.

Siempre trata de ser directo; no continúes haciendo este tipo de comentarios con segunda intención a nadie con quien trabajes. Porque lo que haces es socavar las relaciones personales y el objetivo de una empresa de tener un entorno constructivo saludable. Si un gerente o directivo utiliza este tipo de comportamiento para motivar al equipo, tal vez valga la pena hablar con él con franqueza, para comprender la raíz de su aparente descontento con tu desempeño laboral. He visto a muchas personas abandonar sus empleos debido al incesante comportamiento pasivo-agresivo en la cultura del lugar de trabajo. La mala comunicación provoca que las personas no se sientan a gusto.

Un jefe tóxico

La hospitalidad puede ser muy estresante a veces, las personas pueden ser groseras entre sí y las malas comunicaciones pueden tener lugar en el calor de un turno complicado. En un lugar de trabajo saludable se entiende que, si bien esto puede suceder en ocasiones, nunca debe ser la norma. En los mejores establecimientos en los que he trabajado, hemos podido disculparnos por nuestra aspereza durante un turno agitado, así como recordarnos el gran trabajo que hicimos después de un turno difícil. Como he mencionado antes, este es un entorno de aprendizaje, continuo. Siempre estamos recibiendo comentarios y creciendo. Pero hay una línea que nuestros jefes e invitados pueden cruzar fácilmente. Dos viejas prácticas corrientes que son inaceptables:

- **Un buen líder no necesita gritarte. Si alguien te somete a ese tipo de comportamiento de forma regular y no está cambiando, es posible que desees buscar otras oportunidades de trabajo.**

- **Si tu jefe cree que está bien dejar que los clientes te griten, debes tener una conversación seria sobre la necesidad de que la dirección te apoye en esas situaciones. En ningún momento se debe permitir que un invitado le grite a un empleado sin que un gerente venga en su ayuda. Un huésped puede quejarse y estar en desacuerdo, pero si el cliente se pasa de la raya, y no te sientes respaldado en su función, es posible que desees buscar otras oportunidades de trabajo.**

30

Ken Schiller

Presidente de K&N Management

La gerencia de K&N es propietaria de Mighty Fine Burgers, Fries and Shakes, así como el desarrollador de área con licencia de las cuatro franquicias del área de Austin, Texas, de Rudy 's Country Store & Bar-B-Q. K&N Management es ganadora del Premio Nacional de Calidad Malcolm Baldridge, el más alto honor presidencial de la nación por la excelencia en el desempeño a través de la innovación, la mejora y el liderazgo visionario.

Entrevistas

Nos interesa determinar si el candidatos al puesto de trabajo está en sintonía con nuestros valores fundamentales y nuestra cultura empresarial, si es una persona agradable, sonriente y simpática. En realidad, nuestra recepcionista los califica tan pronto como entran por la puerta principal. Somos muy intencionales y muy minuciosos sobre nuestro proceso de entrevista. Y no todo lo basamos en la experiencia ni en las aptitudes profesionales.

Leer al cliente

No esperamos que [nuestros empleados] sean robots y que reciten un guión literal. Les enseñamos a leer a cada [visitante]: ¿Tiene prisa el visitante? ¿Está mirando su teléfono móvil? ¿Quiere comer con rapidez y marcharse, disfrutando de un servicio correcto? ¿O el huésped es más informal y quiere charlar y bromear un poco? A [los empleados] se les enseña a leer a cada huésped y a adaptar su comportamiento en consecuencia.

Comentarios

Brindamos abundante retroalimentación. No lo planteamos como una crítica. Pero medimos todo cuanto tiene que ver con el negocio. Hacemos esto que llamamos 'película de juego', donde las personas entran con cámaras ocultas y se hacen pasar por clientes y graban toda su transacción. Luego, los miembros del equipo que participaron ven la película y ellos mismos puntúan su desempeño. Después los puntuamos nosotros. Es como un equipo deportivo que ve una película después del último partido. Los jugadores se fijan en lo que hicieron bien, pero, ¿hubo lagunas? Si alguien no está contento con esta retroalimentación y estas medidas, si están en desacuerdo con nuestra cultura, nos decimos que un jugador de primera categoría quiere que midamos su rendimiento de esta manera, porque quedará claro que es un jugador de primera categoría. Los jugadores con bajo rendimiento son los que temen estos procedimientos.

Cambiar de un trabajo a otro

Uno, no creo que aprendas tanto y te desarrolles tan rápido como puedas saltando de un empleo a otro, porque siempre estás entrenando y tratando de aprender una nueva cultura y encontrar tu lugar sin poder concentrarte en mejorar tus habilidades, competencias y formar relaciones dentro de una organización. En segundo lugar, a los empleadores sencillamente no les gusta ver que vas de un empleo al siguiente. La historia es el mejor predictor del futuro. Y van a dar por sentado que también terminarás por dejar su empresa. Para mí es un factor muy negativo.

Progresando

Se te brindan oportunidades para avanzar y aprender liderazgo. Hacemos algunas capacitaciones internas de liderazgo. Creo que es importante enseñarle a alguien la diferencia entre gestión y liderazgo. Ambos son importantes, pero muy diferentes. Solo vas a ir tan lejos como tu liderazgo te lleve. Es el caso, por ejemplo, a nuestros formadores en los restaurantes, la mayoría de los cuales son empleados por hora que comenzaron como cajeros, como uno de los puestos más críticos en la empresa. Porque es quien interactúa y capacita a las personas que van a servir y deleitar a nuestros huéspedes.

Llevar comida a la mesa

Hacemos entregas a la mesa. Cuando el huésped sale de la caja registradora, se le da un rastreador de mesa. Hay localizadores GPS debajo de nuestras mesas y podemos saber dónde está sentado ese huésped. Por lo tanto, nuestros meseros sirven la comida directamente al huésped sin tener que gritar un nombre o buscar un número de mesa. Cada persona tiene su propia bolsa con su nombre, y el mesero se asegura de que la bolsa vaya a la persona adecuada.

31

Abuso y toxicidad

Entornos de trabajo insalubres

He trabajado en unos cuantos entornos complicados donde se toleraba el abuso verbal y el acoso. Hay todo tipo de negocios con propietarios que no aprecian a sus empleados, no entienden la ley, mandan con comportamientos abusivos o se quedan de brazos cruzados y permiten que ocurra ese tipo de comportamiento. Uno pensaría que la dirección de un restaurante, cuyo negocio se basa en la más acogedora hospitalidad, siempre trataría bien a sus empleados, pero por desgracia ese no es siempre el caso.

Sé que muchas cosas han cambiado en el entorno de la hospitalidad en los últimos años, y me alegra ver que los entornos tóxicos que antes existían se están abordando, combatiendo y cambiando. Cada vez más propietarios y gerentes encuentran formas saludables de comunicarse y asegurarse de que sus empleados trabajen en entornos emocional y físicamente seguros. Están protegiendo a sus empleados de los clientes abusivos y creando formas de comunicación más indicadas para mejorar el debate sobre las situaciones laborales tóxicas. Entienden que las tasas de rotación son más bajas y la productividad es mayor cuando los empleados se sienten seguros y a gusto en su lugar de trabajo.

Insultos verbales

Durante años pensé que era normal trabajar en un entorno en el que estaba bien que me gritaran. Ha pasado un tiempo desde que sufrí ese tipo de comportamiento, y me alegro de que se esté abordando en nuestra industria. Después de haber trabajado con muchos gerentes y líderes, sé que hay una ruta mucho más productiva para obtener el resultado deseado que levantar la voz, insultar a los asociados o recurrir al abuso físico como motivación.

> **UN AMBIENTE TÓXICO APARECE POR OBRA DE POR UN MAL COMPORTAMIENTO CONTINUO, ANTE EL QUE NADIE DICE NADA.**

Y honestamente, he permitido que el comportamiento verbal abusivo continúe y parezca normal al no hablar. Recuerdo que, como mesero, parado allí con mis compañeros de trabajo, en alguna ocasión pensé: "Bueno, al menos mi jefe no me está gritando esta vez". Y también mantuve la cabeza baja mientras un compañero recibía gritos. Nunca levanté la voz. Siempre hay un momento y un lugar para hablar. Incluso si no es en ese momento directo, cuando las tensiones pueden ser altas, es bueno decírselo a tu gerente. Si no te sientes satisfecho con la forma en que se maneja el problema, debes llevarlo al departamento de recursos humanos o al propietario de la empresa. De inmediato.

El acoso

Cuando trabajaba como ayudante de camarero en Hollywood, antes de convertirme en mesero, me veía obligado a vadear una sala llena de gente con toda una bañera sobre mi cabeza, llena de vasos sucios. Había muchas manos que se colocaban y agarraban donde no deberían. Me acostumbré a que de vez en cuando me metieran mano. No quería quejarme, ser visto como poco cool o admitir que me molestaba. Pero me molestaba. No dije nada. Si hubiera dicho algo, estoy seguro de que habría recibido el apoyo del propietario y el personal. Pero opté por no decir nada. No siempre tienes un gerente que te apoye en los bares donde hay un montón de clientes jóvenes y un ambiente de fiesta desmadrada. Algunos propietarios no hacen nada por sus empleados en estas situaciones. De hecho instan al personal a ser más tolerantes con los huéspedes con las manos largas. ¡Esto no es normal!

El acoso verbal y sexual puede provenir de compañeros de trabajo, propietarios, proveedores e invitados. Es importante saber que tienes unos derechos, y cada vez que te sientas incómodo debes decir algo. Si expresa tu disgusto por sentirte maltratado, intimidado o en peligro, no es apropiado que alguien te diga: "No es gran cosa", "No te preocupes por eso", "Así es este lugar". Debes transmitir tu disgusto a un gerente y, si crees que no se aborda el problema, ve a lo más alto y habla con tu jefe, con Recursos Humanos o con el propietario.

Toxicidad

Un ambiente tóxico aparece por obra de por un mal comportamiento continuo, ante el que nadie dice nada. Las personas pueden tener miedo a las represalias, por lo que continúan calladas. Ese fue mi caso en ciertas situaciones en las que no quería ser reasignado a turnos peores o perderlos por completo. Un ambiente tóxico muchas veces se caracteriza por el recurso a la intimidación, por los chismes frecuentes, por las camarillas de ciertos trabajadores que acosan a otros, por la administración ineficaz y el uso de estas tácticas por sí mismas. Puedes intentar rodearte de compañeros de trabajo que te apoyen en este tipo de situaciones, pero si se trata de un entorno persistente, debes hablar con la gerencia, Recursos Humanos o los propietarios para abordar los problemas de manera más directa. Ahora entiendo que, al no hablar y simplemente dejar una empresa, lo que hice fue permitir que ese comportamiento continuara y no se cuestionara en mi ausencia.

Peligro

En ausencia de un buen liderazgo, puedes encontrarte en un entorno de trabajo peligroso. No solo emocionalmente peligroso, sino físicamente también. Eso podría deberse a clientes agresivos y amenazantes, compañeros de trabajo del mismo tenor o un entorno de trabajo donde las normas de seguridad se ignoran continuamente. Si el acoso sexual es frecuente, se trata de una situación abusiva y peligrosa que debe abordarse. Estás legalmente protegido en muchos casos, pero de nuevo, el miedo a las represalias hace que muchas personas permanezcan en silencio. Si descubres que Recursos Humanos y la propiedad no están abordando estos problemas, puedes irte, buscar asistencia legal o hacer ambas cosas.

> SI UN ENTORNO DE TRABAJO ES PELIGROSO, TÓXICO O ABUSIVO, TU PRIMERA RESPONSABILIDAD ES PROTEGERTE A TI MISMO.

Si un entorno de trabajo es peligroso, tóxico o abusivo, tu primera responsabilidad es protegerte a ti mismo. Lo mejor es instigar algún tipo de solución comunicándote con la gerencia, Recursos Humanos y los propietarios para mejorar estas áreas en el trabajo. Si no es el caso, es posible que tengas que irte. Tomé la decisión de dejar un trabajo antes de tener otro y aprendí que no siempre era la mejor decisión. En un par de ocasiones, estuve desempleado durante más de unos meses, y en ausencia de ingresos, no me fue fácil manejarme con el estrés. Después de eso, siempre me aseguré de obtener otro trabajo antes de dejar el que ya tenía. Si cuentas con tiempo para hacerlo, intenta conseguir otro empleo antes de dejar tu trabajo actual.

Hemos recorrido un largo camino en la mejora de los entornos de trabajo, y mi esperanza es que en toda situación incómoda puedas hablar con la gerencia al respecto. Y que los gerentes aborden el problema y mejoren el entorno de trabajo.

Cuando estos problemas continúan, sin que nadie hable de ellos por miedo, represalias o uso de violenciaq, la atmósfera sigue empeorando. Nadie hace nada. Y se permite que la cultura de abuso, toxicidad y peligro vaya prolongándose en el tiempo.

32

Maggie Castaneda

Socia directora - Don Pedro Carnitas

Maggie ayuda a operar su famoso restaurante familiar que forma parte del barrio Pilsen de Chicago desde hace más de 30 años. Un local con muchos huéspedes que regresan, muchos clientes habituales y largas colas frente a la entrada. Maggie accedió a compartir algunas de sus consideraciones sobre el servicio.

Comunicarse con las personas en línea

Ando en paralelo a la fila y hago saber a todos que sale una nueva remesa de la cocina. "¡Están sacando la nueva remesa de carnitas!" Mientras haya comunicación entre las personas que trabajan aquí y las personas que hacen cola para comprar nuestra comida, el cliente se encuentra a gusto. Cuando no hay comunicación, la gente puede enojarse y puede darse cierta hostilidad. "¡Esto lleva mucho tiempo!", dice alguien. Lo normal, si el cliente tiene hambre, ¿verdad? El visitante ha de sentirse atendido de forma positiva, necesita que los empleados comuniquen algo de tranquilidad. Tenemos que asegurarnos de establecer contacto visual o intercambiar unas palabras con ellos. Lo mejor es mirarlos directamente a la cara. Cuando no te comunicas, las personas entonces se enojan un poco o tienen la sensación que a nadie le importan.

Hacer que la fila avance

Siempre digo a nuestros cajeros: "Ya sabes lo que vendemos, la carta no es extensa, y no nos interesa profundizar demasiado en la explicación, a menos que el visitante sea alguien completamente nuevo. No te compliques la vida. Formula preguntas sencillas. "¿Qué te apetece comer? ¿Cuánto necesitas? ¿Qué cosas te gustan? Si hay algún extra que quieras: tortillas, cebollas, cilantro, limas, solo háznoslo saber. No te compliques la existencia". Nuestros cajeros realizan una labor impagable, porque de ellos depende que la fila avance con rapidez.

> Es genial ver a alguien salir de su caparazón y prosperar en lo que hace. Y luego, realmente les encanta lo que hacen.

Felices y bienvenidos

Tienes que ser feliz. Estos días me dedico a hacerme feliz y a hacer felices a otras personas. ¿Y sabes qué? La gente viene al local y quiero que se sientan como si estuvieran comiendo en familia. Siempre es bonito sentirte bienvenido en un lugar.

Fuera de su caparazón

Todas las personas que tengo trabajando, las personas más jóvenes, son bastante extrovertidas. Tengo una [empleada] que era muy tímida, y nos llevó un tiempo hacer que superase esa timidez. A veces, cuando se acercaba a alguien, parecía un tanto cohibida. Le dije que empezara a hablar con los visitantes, de forma natural, sin forzar la cosa, hasta que se sintiera cómoda. Ves que aprenden todo esto y van saliendo de su caparazón.

Esta empleada ahora se siente cómoda con su trabajo, ¡y es simplemente genial! Siempre saluda y habla: "¡Buenos días!" Buenas tardes, ¿qué necesita?" Es su manera de ganarse a los clientes. Es genial ver a alguien salir de su caparazón y prosperar en lo que hace. Y luego, realmente les encanta lo que hacen. Cuando veo a alguien se apresura a hacer algo que está disfrutando, eso es fantástico. ¿Qué más puedo pedir? Es algo que les hemos inculcado, los animamos a ser mejores, a hacerlo mejor. Si [la gerencia] no está mejor y no lo estamos haciendo bien, ellos tampoco van a esforzarse en hacerlo todo bien.

El cliente

El cliente es lo primero de todo. Ese es nuestro jefe. Siempre insisto ene que el cliente que viene, la persona que entra y consume, ése es nuestro jefe. Ese es mi jefe. Ese es tu jefe. Sin ellos, no estaríamos aquí.

Clientes problemáticos

Siempre les hago saber a nuestros empleados que los clientes complicados no son un reflejo de su rendimiento en el trabajo. Nunca deberían tomárselo como algo personal. Lo mejor es que hagas oídos sordos. Olvídalo. Si dejas que esas cosas te molesten, te convertirás en la persona que está siendo mala, ¡y no quieres eso! Es un reflejo de quiénes son, ya sabes. ¡Olvídate de sus palabras!

Existencias que se agotan

Tengo mi propia regla de oro; todo el mundo debería saber cómo estamos de existencias. Si crees que algo se está agotando, avísame. Nueve de cada diez veces, ya lo he cogido y ya lo he pedido. Pero soy humana y cometo errores. Entonces, siempre necesito un tercer, cuarto o quinto par de ojos. Siempre haré una lista de verificación para mí y solo preguntaré al azar: "Oye, ¿tenemos todo lo que necesitamos hoy?" Siempre habrá una o dos personas que dirán: "¿Sabes qué?

Déjame verificarlo porque no estoy seguro ". Ahí es cuando nos fijamos bien y vemos que algo escasea. Es un simple método útil, hacer que la gente verifique dos veces lo que tenemos y lo que tenemos que hacer al respecto.

> **Si vas a hacer algo, hazlo lo mejor que puedas. Porque eso le mostrará a la gente quién eres de verdad.**

Sé lo mejor que puedas

Hazlo todo lo mejor que puedas, en todos los ámbitos de la vida. Ya seas un cajero, un abogado, un servidor, un médico, un barista. Si vas a hacer algo, hazlo lo mejor que puedas. Porque eso le mostrará a la gente quién eres de verdad. No te preocupes por los pequeños detalles. Hay cosas más importantes en la vida de las que preocuparse.

33

Gary Chau

Cofundador de Caffe Luxxe

Caffe Luxxe consta de 7 cafeterías galardonadas y exclusivas y un tostadero en diversos barrios de Los Angeles. La atención al detalle y la experiencia de servicio de mostrador de lujo han creado un gran número de seguidores habituales.

La onda

Lo primero que queremos que experimentes al entra es una experiencia sensorial completa. ¿Qué aspecto tiene el local? ¿Qué música se escucha? ¿Cuáles son los otros sonidos (máquina de café espresso, ambiente, etc.)? La parte fundamental de esta experiencia es que contamos con un equipo de grandes personas. En nuestro negocio, las personas son los elementos determinantes de esta experiencia. Nuestro negocio se centra en las personas. El café resulta ser la parte mecánica para atraer a la gente. Pero en último término nos centramos más en las personas y las relaciones humanas.

Buscar información

Esa primera pregunta es importante: "¿Qué es lo que te gusta?" Así es como debe comenzar la interacción, en lugar de que yo le ponga mi consumición favorita al huésped de buenas a primeras. Esto último siempre llama a la sospecha. Otra pregunta clave sería: "¿Qué bebes normalmente?" Y eso nos ayudará a guiar a alguien hacia un tipo específico de bebida. Por ejemplo, "Oh, siempre me gusta la leche en mi café". Y los orientaríamos hacia quizás bebidas a base de espresso que tengan leche: como un latte o un cappuccino. Les preguntamos: "¿Qué tipo de sabor le gusta en el café?" o incluso podríamos preguntarles: "¿Qué estás bebiendo actualmente?" Estas preguntas nos dan algunas pistas sobre lo que disfrutan. Por ejemplo, si a alguien le interesa el chocolate negro y un perfil de sabor atrevido y clásico, lo más probable es que no le recomendemos un café ligero y tostado, negro, porque tiene cierto sabor cítrico afrutado. Una consumición acaso algo más amarga de lo que el otro espera.

> **LAS PERSONAS SON LOS ELEMENTOS DETERMINANTES DE ESTA EXPERIENCIA. NUESTRO NEGOCIO SE CENTRA EN LAS PERSONAS.**

Aptitudes

Nuestros empleados suelen ser jóvenes, y para algunos es su primer empleo, de manera que una aptitud importante es saber trabajar con otras personas. Tendemos a preferir a alguien que tenga la actitud correcta, la curiosidad correcta, la perspectiva positiva correcta de la vida. Alguien a quien confiamos en convertir en un empleado elegante. Tenemos personas que quizá nunca antes habían trabajado en equipo, pero yo creo que esta aptitud concreta se aprende con el tiempo, y es posible que no se den cuenta ni lo aprecien hasta más adelante en la vida.

Colaboración

Aprendí a comunicarme con extraños y a ayudar a las personas haciéndoles las preguntas indicadas. También aprendí a trabajar con personas que son mis compañeros, en todos los niveles diferentes, y realmente no importaba si esa persona era mi jefe o un nuevo aprendiz. Aprendí a trabajar con todo tipo de personas con el mismo objetivo común. Para mí, esa es una aptitud importante para todos, y espero que los empleados la desarrollen, la valoren y la lleven consigo por el resto de sus vidas. Pues va mucho más allá del simple hecho de trabajar en una cafetería.

> **CUANTO MAYOR SEA EL PRECIO, MAYOR SERÁ LA EXPECTATIVA. CUANTO MÁS ELEVADO SEA EL PRECIO, MÁS CURIOSO SE MOSTRARÁ EL CLIENTE: "¿POR QUÉ ESTO SALE A ESE PRECIO?" NUESTROS EMPLEADOS DEBEN SABER LA RESPUESTA.**

Conocimientos

A mi modo de ver, en cualquier entorno en el que se pida un precio alto, cuanto mayor sea el precio, mayor será la expectativa. Cuanto más elevado sea el precio, más curioso se mostrará el cliente: "¿Por qué esto sale a ese precio?" Nuestros empleados deben saber la respuesta. La expectativa del cliente es muy detallada, y la explicación de este tipo de producto es muy importante, especialmente cuando el cliente puede sacar su teléfono y comprobarlo todo en el acto. Tenemos que ser una especie de atajo en ese sentido. También es una forma de crear una pequeña conversación y conocerse.

No estoy diciendo que nuestro café esté en ese extremo nivel de precios, pero sí que ofrecemos artículos y productos de lujo, de alta gama, además de nuestro café. Lógicamente, si estamos vendiendo una botella de vinagre balsámico por 40 dólares, es probable que un cliente venga y nos haga preguntas detalladas al respecto. Porque el precio despiera su curiosidad. "¿Por qué cuesta 40 dólares?" Nuestra respuesta no puede ser algo tan simplón como: "Este vinagre sabe pero que muy bien". Hay que extenderse en los detalles y abordar los tres a cinco puntos clave de venta que hacen que ese producto sea tan especial. Esto ayuda a nuestro cliente a justificar esa compra en su mente...todas estas cosas tienen la función de llevar al visitante a la decisión de compra correcta.

Multitareas

De hecho, todos nuestros empleados son multitarea, por lo que no necesariamente tenemos una persona específica asignada a la caja registradora. Como parte de la formación, todos empiezan por ayudar detrás de la barra, para que puedan aprender los fundamentos de nuestra operación y las necesidades operativas en términos de limpieza, asegurándose de que las cosas estén donde están, ayudando al personal situado por encima, a los baristas a hacer pedidos de bebidas y preparando bebidas para ellos. No hay nadie, por ejemplo, que permanezca sentado tras la caja registradora limitándose a llamar a la gente. Tenemos mucho respeto por el negocio de los restaurantes y aprendemos mucho de nuestros amigos de los restaurantes. Lo que nos diferencia en lo fundamental es que trabajamos como un equipo colaborativo, y has de entender cuál es tu posición y su función, cómo cada miembro contribuye a esta atmósfera de equipo. Es una de las cosas que más nos interesan, y por eso las personas realizan múltiples tareas tras el mostrador.

Limpieza

Nuestra perspectiva: a medida que creces, subes de rango, tus responsabilidades no disminuyen debido a la antigüedad, sino que se incrementan. A medida que creces, trabajas más porque no olvidas de dónde vienes y continúas compartiendo tus responsabilidades de todo lo que aprendiste cuando empezaste como ayudante tras la barra. En mi opinión, todos somos iguales y todos debemos compartir la carga de trabajo. No hay excepciones porque tengas un cargo o un rol diferente, todos llevan pedidos a las mesas, lavan los platos, ayudan a limpiar la cafetería.

Y tenemos que recordarle a la gente: "Oye, ¿cómo es que el pinche es el único que limpia las mesas mientras estás de brazos cruzados detrás de la barra? Aquí todos somos responsables. Somos un equipo. Y sus ojos se iluminan al oír estas cosas, "Oh, sí, claro". Cuando estamos ocupados, conocemos nuestras funciones y especializaciones asignadas, de esa manera todos podemos trabajar juntos de manera eficiente. Pero cuando hay momentos de inactividad, remamos todos a uno: compartimos el trabajo que haga falta para tenerlo todo listo cuando venga la próxima oleada de clientes.

> **TODOS SOMOS IGUALES Y TODOS DEBEMOS COMPARTIR LA CARGA DE TRABAJO. NO HAY EXCEPCIONES PORQUE TENGAS UN CARGO O UN ROL DIFERENTE, TODOS LLEVAN PEDIDOS A LAS MESAS, LAVAN LOS PLATOS, AYUDAN A LIMPIAR LA CAFETERÍA.**

Negocios

Formamos a nuestros empleados en aptitudes comerciales básicas sobre cómo operar y dirigir un negocio de manera rentable. Por supuesto, de ti depende hasta dónde quieres seguir trabajando con nosotros. Pero las aptitudes en que te formamos también son importantes. Creo que el personal aprende que los negocios no son fáciles, son difíciles, motivo por el que los capacitamos en los fundamentos básicos y les abrimos los ojos. "Dios, este no es solo un lugar donde tomo café y luego me voy a casa. Es un lugar donde empiezo a darme cuenta de que es un negocio serio. Y espero ayudarlos a ganar algo de dinero, para que todos salgamos beneficiados. Y esta experiencia es algo de lo que puedo aprender y añadir a mi conjunto de aptitudes a medida que sigo otras direcciones en la vida".

De compañero de trabajo a supervisor

En un entorno en el que ves e interactúas con alguien todos los días, no es difícil hacer amigos, pues siempre estás charlando con los demás, con quienes también haces vida social después de la jornada. Diría que en este ambiente de cafetería creamos cierta amistad entre nuestros clientes y nuestro personal. O sea, nos hacemos amigos de nuestros clientes y, sin duda, de nuestros compañeros de trabajo.

El problema se da cuando te conviertes en el supervisor de este compañero de trabajo/amigo, la persona con la que antes solías ir al cine, a cenar, a lo que fuera. Ahora puedes sentirte un poco incómodo cuando tienes que decirle a esta persona qué hacer. Esos momentos incómodos en los que quizá has de corregirla y hasta amonestarla. Son nuevas responsabilidades y pueden afectar vuestra relación. Es complicado, porque estás tratando con personas con las que te has conectado emocionalmente, y ahora, de repente, se vuelve realmente difícil porque esta nueva relación es distinta a lo acostumbrado.

> **ESTÁ BIEN SER AMIGABLE CON LOS DEMÁS, PERO HAY SITUACIONES EN LOS QUE NO PUEDES SER AMIGO PORQUE AHORA ERES EL JEFE. Y VAS A TENER QUE ASUMIR ESAS ÁREAS DIFÍCILES DE RESPONSABILIDADES Y NECESITAS AYUDARNOS A GESTIONAR NUESTRO NEGOCIO DE LA MANERA CORRECTA.**

Tratamos de ayudar a las personas a visualizar la diferencia: está bien ser amigable con los demás, pero hay situaciones en los que no puedes ser amigo porque ahora eres el jefe. Y vas a tener que asumir esas áreas difíciles de responsabilidades y necesitas ayudarnos a gestionar nuestro negocio de la manera correcta. Y estás obligado a ser profesional al respecto. Por lo tanto, tenemos que enseñar a nuestros supervisores y gerentes recién ascendidos cómo lidiar específicamente con ese tipo de conversaciones y situaciones difíciles. Hay que sentarse a hablar e impartir algunas directrices sobre cómo comunicarse de la manera correcta con el personal.

Después

Como mencioné al principio, espero que este libro te inspire a preguntarte cómo puedes servir a los demás, mejorar lo que estás haciendo, innovar y superar las expectativas de tus huéspedes. La idea de este libro comenzó mientras trabajaba en un restaurante con otras personas, tratando de averiguar cómo podríamos mejorar la experiencia de nuestros clientes todos los días. No es tan complicado. Comienza por el deseo de establecer conexión con tus invitados, hacer las preguntas correctas y asegurarte de que se marchen del local contentos y con la intención de regresar.

Te agradezco que hayas leído este libro y espero que te inspire a mantener excelentes conversaciones con tus compañeros de trabajo, directivos, empleados y gerentes. Estoy agradecido con todos los que aparecen en este libro, por haber dedicado parte de su tiempo a hablar conmigo. Espero que sus palabras te hayan inspirado tanto como continúan inspirándome a mí y que puedas volver a este libro siempre que lo necesites, encontrando respuestas a las preguntas que nos hacemos todos los días en la hospitalidad.

Cómo ser contratado

Ahora que sabes cuáles son las opciones, ¿cómo consigues un empleo? ¿Qué debes saber antes de entrar por la puerta? La forma más fácil de ver si la empresa está contratando es verificar en línea. Ve al sitio web de la empresa y busca en Ofertas de Trabajo o visita los múltiples sitios de de búsqueda en la red: Indeed.com, Careers.com, Glassdoor.com, Monster.com, etc. Te ayudarán a encontrar el trabajo específico que andas buscando.

¿Te postulas en línea o dejas un currículum en el local específico en el que deseas ser contratado? Las dos cosas. Si pasas por el establecimiento, no te conviene hacerlo mientras están muy ocupados. Elige una hora de menor actividad (no durante el desayuno, el almuerzo o la cena entre horas), y es posible que alguien pueda responder a algunas de tus preguntas. Esto también demuestra cierta comprensión de su negocio.

Si vas a preguntar sobre un empleo, debes consultar a continuación las secciones Llegada y Vestimenta, pues son de aplicación cada vez que entras en un negocio en busca de trabajo. Las primeras impresiones son importantes. No querrás entrar en un lugar que tiene un anuncio de "Se busca ayuda" en la ventana vestido con una simple camiseta, sin afeitar, sudoroso por tu paseo en bicicleta, y decir: "Oye, vi que estabas buscando contratar a alguien y pensé en detenerme y rellenar una solicitud". Sigue disfrutando de tu paseo en bicicleta y pasa de largo. Ve a casa, dúchate, cámbiate, vuelve y entra por la puerta. Tendrás más probabilidades.

Cuando regreses al establecimiento, ten en cuenta que es posible que te digan que solo aceptan solicitudes en línea; entonces puedes solicitar información sobre su sitio web. Es posible que desees preguntar: "¿Están contratando a personal en este momento?" "¿Está el gerente aquí?" "¿Cuándo es el mejor momento para entregar un currículum a un gerente?" Sé rápido y reflexivo, sabiendo que están aprestándose a servir a los nuevos visitantes.

Entrevista telefónica

La entrevista telefónica es corriente cuando el restaurante recibe un gran volumen de solicitudes de empleo. Pueden decidir hacer una entrevista telefónica, formular algunas preguntas para hacerse una idea sobre tu persona antes de decidir si les convienes o no.

Si te notifican por correo electrónico o mensaje de texto que quieren hablar contigo por teléfono en un momento determinado: trata de estar PREPARADO para cuando llegue ese momento. Encuentra un espacio tranquilo en el que puedas sentarte, donde no te distraiga ningún otro sonido. Lleva contigo papel y un bolígrafo (yo siempre tengo dos a mano, por si uno se agota). Para anotar la ropa que quieren que vistas, lo que hayas de traer o, sencillamente, en preparación para la entrevista personal. Tal vez tengas una gran memoria, tal vez pueda escuchar bien en un autobús lleno de gente o escribir notas mientras conduces (¡no se recomienda!), Pero es mejor que encuentres un lugar tranquilo donde el entrevistador y tú os podáis escuchar mutuamente con claridad y anotar toda la información necesaria.

La energía al teléfono

Intenta transmitir el mismo tipo de energía que transmitirías en una entrevista cara a cara. Con esto, me refiero a mantenerse optimista al hablar por teléfono, asegurarse de que estás hablando con claridad y escuchando con atención. No te sientes en un sofá mullido ni te acuestes en una cama como harías si estuvieras charlando con un amigo. Eso disminuirá tu energía. Un gran truco es sonreír mientras hablas por teléfono. Claro, nadie puede verte, pero te sorprenderá la energía positiva que esto le dará a la persona al otro lado.

¿Con quién hablo?

Asegúrate de anotar el nombre de la persona que te llama. Te resultará útil si te reúnes con ellos en persona. Es posible que tu interlocutor sea un asistente del gerente, quien realiza una entrevista de preparación, previa a la reunión personal con el gerente. Estos son los dos nombres que debes apuntar y memorizar, pues es posible que debas hacer referencia a ellos en la entrevista cara a cara.

Puntualidad

Llegar a tiempo para mí significa llegar diez minutos antes. Sé respetuoso y demuestra que te tomas en serio el trabajo. Así que prepárate para esa llamada telefónica antes de que llegue. Si la llamada no se produce a la hora exacta, o incluso si llega diez minutos después de la hora convenida, trata de no molestarte o irritarte. Los restaurantes, como aprenderás, tienen que ver con las necesidades del huésped. Es posible que el gerente o el asistente del gerente hayan tenido que atender a un invitado o que haya surgido algo imprevisto. Trata de tenerlo en cuenta y mantente positivo, mientras esperas la llamada.

Detalles

Si te dan una hora y un lugar para la reunión en persona o la llamada telefónica de seguimiento, asegúrate de escribirlo correctamente y verifícalo con tu interlocutor. Dirección, número de teléfono, cruce de calles... Esto demuestra que eres minucioso y aclara la información exacta que necesitas para dar el siguiente paso en tu búsqueda de empleo. Ah...y no pierdas el papel. Por mi parte suelo escribir una copia de seguridad en el programa de notas o el calendario de mi teléfono.

Entrevista

Al llegar a una entrevista, la que sea, has de sentirte feliz de estar allí. Espero que lo estés. Debes ser optimista, mostrarte contento, con energía positiva y entusiasmo por el trabajo. Si te gusta el poke, genial. Si crees que Chipotle es la mejor comida mexicana que has probado, genial. Si solo bebes café de este lugar específico porque es increíble, bueno, eso es increíble. Esa emoción saldrá a luz durante la entrevista y, en última instancia, en el cliente al que servirás. Un gerente inteligente lo verá. Si no tienes experiencia sirviendo comida, no te preocupes. Te formarán. Tu energía y comprensión general de este trabajo es lo más importante en este momento.

Llegada

Recuerda: ¡diez minutos antes! Algunos de estos lugares son muy pequeños y no tienen muchas mesas. Por lo general, alguien te dirá dónde esperar hasta que un gerente pueda hablar contigo. Siéntate y aguarda pacientemente. Es un restaurante que funciona, así que prepárate para esperar un tiempo; pasan cosas y es posible que el gerente no pueda estar contigo de inmediato. Es posible que desees pedir un menú mientras esperas. Esto te permitirá familiarizarte con él (si aún no has entrado en el sitio web para verlo, ¡te lo recomiendo encarecidamente!).

Currículum vitae

Trae dos copias. Incluso si ya lo enviaste en línea, no des por sentado que tendrán una copia a mano. Una de ellas podría mancharse, o es posible que necesites ambas si dos personas te están entrevistando.

Solicitud

En algunos locales requerirán que llenes una solicitud mientras esperas. Puede que estés pensando: Bueno, ¿por qué diablos me tomé la molestia de escribir este currículum cuando ibas a pedirme que lo escribiera todo? Respuesta corta: Necesitan una copia para sus registros. La ventaja es que, si tu currículum está actualizado, tendrás toda la información pertinente lista para copiar en la aplicación.

Nota: Asegúrate de tener toda la información necesaria, incluidas las direcciones antiguas de los empleadores y la información de contacto. Esta información no siempre está impresa en tu currículum, así que asegúrate de que sea fácilmente accesible. No te interesa decirles que ya los llamarás más tarde con esa información precisa. Pues otro podría completar su propia solicitud y obtener el empleo, porque en ese momento no estabas preparado. (Por cierto, todo esto lo sé porque lo aprendí de la manera más dolorosa. ¡Prepárate a fondo!) Una solicitud incompleta te hace parecer despistado y te interesa dejar una primera impresión positiva.

Vestimenta

Alguien me dijo una vez que me vistiera al estilo imperante en el establecimiento donde solicitas empleo. Para ir a lo seguro, me ponía una camisa de cuello con unos buenos pantalones. Unos vaqueros o pantalones formales y limpios. Lindos zapatos de vestir, cómodos y sin exagerar, o zapatillas muy bonitas. Lo primero es llegar bien limpio. Ducharse, oler bien, pero sin exagerar con la colonia o el perfume. La gente quiere oler la comida, no el perfume o la colonia de otro.

La espera

Mientras te mantienes a la espera puedes sentirse tentado de mirar tu teléfono. ¿Quién de nosotros no lo hace cuando estamos esperando? Si vas a mirar tu teléfono, tal vez vale la pena leer el menú del local en la red, mirar sus fotos de Instagram si las tienen, consultar algo que pueda aparecer mencionado en la entrevista. Lo principal es tener toda la atención puesta en el juego. Piensa en este proceso como un calentamiento previo al partido. Si tienen un menú impreso, siempre puedes ojear uno de ellos mientras esperas. Cualquier cosa que hagas una vez que entras por la puerta debería tener que ver con el motivo por el que estás allí en primer lugar: para conseguir un trabajo.

Antecedentes

Familiarízate con el establecimiento en el que quieres trabajar. No hace falta que te aprendas su historia de memoria, pero vale la pena saber algunas cosas. Familiarízate con su carta de platos y el tipo de comida que sirven. Si en su carta hay cosas parecidas a las de la cadena Dairy Queen, debes saberlo. Si son conocidos por su famoso "Estilo Animal" Doble, como en In-N-Out, entérate de eso. Te estás preparando para trabajar para ellos. Si sabes algo sobre su negocio y los productos que vas a vender, incluso antes de entrar por la puerta, estarás un paso por delante de la competencia.

Preguntas

Hay algunos muy buenos consejos de "entrevista" de diferentes gerentes y propietarios dentro de este libro. Pueden surgir muchas preguntas diferentes, dependiendo de quién esté realizando la entrevista y de cuál sea su forma de trabajar. Lo más probable es que quieran conocer tus experiencias pasadas trabajando con huéspedes, compañeros de trabajo y gerentes. Es posible que te pregunten sobre pasatiempos o la escuela, especialmente si no tienes mucha experiencia laboral y este es un primer trabajo para ti; es posible que solo estén tratando de ver cómo has interactuado con personas en otros aspectos de tu vida. Haz lo posible por estar presente y responde con sinceridad. Solo están haciéndose una idea de quién eres. Es importante. Vas a ser la cara de su empresa comprometida con los huéspedes; quieren saber si eres la persona adecuada para ellos.

Aquí hay un par de ejemplos de posibles preguntas durante la entrevista. También hay muchas opciones diferentes en línea. Siempre me parece bien que alguien en casa o un amigo me haga algunas preguntas de práctica antes de mi entrevista. Así tengo la sensación de llegar algo mejor preparado.

- **Si fueras contratado, ¿cuánto tiempo te gustaría trabajar aquí?**

"Cinco meses" no es una buena respuesta. Los empleadores quieren duración. Quieren invertir en ti y tenerte como un gran empleado durante mucho tiempo. Pero lo entienden, si estás buscando empleo para un año, mientras terminas los estudios o te centras en otros intereses. Es importante ser honesto. Si estás solicitando un trabajo de temporada y te interesa volver año tras año, seguramente vale la pena dejarlo claro. Pues sigues haciendo gala de un compromiso a largo plazo dentro de las limitaciones de tu horario.

- **¿Qué quieres hacer/ser en cinco años?**

Si crees que este empleo podría ser de ayuda en cualquier aspecto para lograr ese objetivo, déjaselo claro también (por ejemplo, puedes explicar que servir a diferentes tipos de personas a diario y trabajar en equipo con unos compañeros será una buena experiencia a la hora de obtener tu credencial de enseñanza).

- **¿Alguna vez has trabajado ayudando a preparar unos platos de comida?**

Puedes mostrarte positivo al respecto, por mucho que no tengas esa experiencia concreta, y decir algo así como: "Sería genial aprender a preparar unos cuantos platos. Siempre he sentido curiosidad por las complejidades de la comida y el servicio y pensé que esta podría ser una gran introducción".

Si tienes experiencia laboral previa, es posible que te hagan las siguientes preguntas. **No son unas preguntas engañosas;** la persona que contrata quiere calibrar tu actitud y capacidad para adaptarse a las situaciones que surgen en el trabajo.

- ¿Me das un ejemplo de cómo manejaste una situación difícil?

- ¿Me das un ejemplo de ayuda a un compañero?

- ¿Me das un ejemplo de ayuda a un cliente que luego se fue contento?

Ensayarlo todo bien: Juego de roles

En mis muchos años de servicio de alimentos, los mejores equipos de los que he formado parte se trabajaban sus aptitudes a fondo. Cuando esperábamos mesas, practicábamos durante 10 minutos antes de que llegaran los huéspedes sobre diferentes aspectos del servicio. Algunos ejemplos de interés en el servicio de mostrador podrían ser:

- **Caminar hacia la mesa (tus compañeros de trabajo fingen ser unos comensales) y preguntarles si todo es de su gusto.** "¿Cómo estás disfrutando de tu hamburguesa doble con queso? ¿Puedo conseguirte servirte un poco más de té helado?"

- **Ser interrogado por los clientes (tus compañeros ahora fingen ser unos visitantes de pie frente al mostrador). Preguntan cómo se preparan los platos o cuáles son los ingredientes en ciertos platos.**

- **Ser interrogado por los clientes (tus compañeros siguen de pie frente al mostrador). Ahora preguntan qué ingredientes hay en**

ciertas bebidas de café o si otros artículos tienen alérgenos.

El juego de roles y el ensayo son una forma importante de resolver los problemas, de estar preparado. No importa lo bueno que seas en tu trabajo, es un gran repaso antes de comenzar un turno. También sirve para que todos tengan presentes los elementos que componen el menú. Si tienes un amigo o familiar dispuesto, ensaya la entrevista de trabajo. Pídeles que te hagan las preguntas anteriores u otras apropiadas. Pídeles que añadan algunas preguntas inesperadas. Nunca se sabe cuáles van a ser las preguntas, pero un pequeño ensayo al menos te prepara y te acostumbra a responder a preguntas inesperadas. Lo importante no es memorizar las respuestas, sino realizar un ejercicio preparatorio para la entrevista.

Cómo pasar a la acción

Aquí tienes un listado con unas cuantas propuestas simples para usar este libro en tu beneficio o el de tu equipo. La primera norma es: hazlo todo de forma sencilla, sin complicaciones innecesarias. Siempre yendo al grano y con brevedad. Por mi parte he optado por escribir capítulos deliberadamente cortos para facilitar este trabajo.

- Ve leyendo el libro y subraya aquellos aspectos en los que quieres mejorar. Haz un listado y, poco a poco, concéntrate de forma intencionada en un aspecto concreto cada vez que tienes que manejarte con los huéspedes.

- Encuentra un ámbito mencionado en el libro y en el que te propongas mejorar. Lee sobre esa cuestión junto con un compañero, un supervisor o un amigo. A continuación debatid las lecciones que cada uno ha sacado en claro y hablad de cómo se puede mejorar en ese aspecto del servicio.

- Si el trabajo te deja poco tiempo para concentrarte en la lectura, selecciona una pequeña anécdota que haya llamado tu atención y reléela un par de veces antes de sumarte a tu turno. Y pregúntate de qué puede servirte para mejorar la experiencia de los clientes. A veces basta un simple objetivo para empujarte a trabajar con nueva determinación y concentración.

- Lee el libro durante la revista previa al turno. Preselecciona distintos temas e ideas que te llegan de forma personal y saca uno de ellos a relucir antes de cada turno. Lee la página correspondiente en voz alta y pregunta al equipo qué significado le encuentran. Utilízala como eje del debate establecido para facilitar que el equipo se concentre en brindar un mejor servicio. También puedes mencionar comentarios hechos por los comensales y describir algunas medidas concretas a poner en práctica por el equipo, en relación con temas similares tratados en el libro.

- Encuentra una sencilla frase, anécdota o cuestión en los capítulos y entrevistas que guarda especial significado para ti y compártela con tu equipo. Especifica por qué la encuentras pertinente en relación con tu negocio o trabajo y qué crees que se podría aplicar para mejorar el la experiencia de servicio o trabajo.

Glosario de palabras

Obras Consultadas

Herbst, S.T., Herbst, R. Food Lover's Companion. Barron's, 2007.

Colonna-Dashwood, M. The Coffee Dictionary: An A–Z of Coffee, from Growing & Roasting to Brewing & Tasting. Chronicle Books, 2017.

Concise Oxford English Dictionary, 11ª edición.

Merriam-Webster's Collegiate Dictionary, 11ª edición.

Organic Certified Coffee in the United States. National Coffee Association, Estados Unidos. https://www.ncausa.org/About-Coffee/Organic-Coffee

86: Número usado por los empleados para indicar que el restaurante se ha quedado sin un artículo en particular.

2-top: Una mesa para 2 personas. (En Estados Unidos).

4-top: Una mesa para 4 personas. (Em Estados Unidos).

Acidez: La palabra ácido proviene del latín acidus, que significa "agrio". Todos los ácidos son agrios hasta cierto punto. La acidez se encuentra en muchos ingredientes naturales como el vinagre (ácido acético), el vino (ácido tartárico), el zumo de limón (ácido cítrico) y los productos lácteos agrios (ácido láctico). (Food Lover's Companion, 3)

Acoso: conducta no deseada basada en la raza, el color, la edad, el origen nacional, la orientación sexual, el género, la religión, la capacidad o la información médica/genética

Aderezo: una salsa, generalmente fría, utilizada para cubrir o cubrir ensaladas y algunos platos fríos de verduras, pescado y carne. (Food Lover's Companion, 226)

Aderezo de rancho: un aderezo común para ensaladas que a menudo se solicita con papas fritas, aros de cebolla, tater tots, otros alimentos fritos y, a veces, ensalada.

Affogato: Una cucharada de gelato de vainilla o helado cubierto con un chupito de espresso caliente. Aunque la vainilla es tradicional, a veces se usa gelato de chocolate, en cuyo caso el postre se convierte en affogato moca. La palabra affogato proviene del italiano affogare ("ahogar"). (Food Lover's Companion, 5)

Airear: Poner aire dentro. Por lo general, en referencia a la leche humeante usada para espumas con el café. (Food Lover's Companion, 3)

Alioli: Una mayonesa de ajo de fuerte sabo, originaria del sur de Francia.

Alergia: una reacción grave, a veces mortal, del sistema inmunitario. Las fuentes comunes de alergias alimentarias incluyen cacahuetes, frutos secos, soja, mariscos, pescado, sésamo, gluten y trigo, huevos y leche y productos lácteos.

Aperitivo: Hablando en general, el primer plato de una comida que se sirve.

Aplicación de terceros: cualquier aplicación que se utiliza para que los huéspedes hagan negocios con tu restaurante y que en realidad no es propiedad del restaurante. Las apps comunes se pueden usar para la recogida y la entrega.

Arábica: Coffea Arabica es el nombre de la especie de café más cultivada en el mundo. El Arábica es originario de las tierras altas de Etiopía. (The Coffee Dictionary, 21)

Aroma: Un olor que se asocia con el café, los alimentos y otras bebidas.

Batido: Una bebida que se asemeja a un batido de leche pero hecha sin leche. (Merriam-Webster, 1142)

Bajo en grasas: Hace referencia a una dieta o un tipo de alimento que contiene una baja cantidad de grasa.

Barista: Persona que prepara espresso y bebidas de café para los clientes.

Bebida: Un líquido que uno puede beber.

Bebida de fuente: Bebida carbonatada que proviene de una fuente de refrescos.

Café: Bebida hecha por percolación, infusión o decocción de las semillas tostadas y molidas de una planta de café. (Merriam-Webster, 240)

Café de especialidad: Café verde (crudo y sin tostar) que ha pasado una serie de evaluaciones de alta calidad.

Cafeína: Un estimulante suave para el sistema nervioso.

Cafetería: Un restaurante pequeño y sin pretensiones.

Café orgánico: Una certificación bajo el USDA que proporciona confirmación de que el producto de café ha seguido un riguroso proceso de gestión de la cadena de suministro orgánica y controles de calidad desde el árbol hasta la taza, destinados a salvaguardar los estándares orgánicos, bajo la supervisión del Servicio de Comercialización Agrícola del USDA, que gestiona el Programa Nacional Orgánico. (NCA, EE. UU.)

Café por goteo: Forma común de preparación de café, a menudo con un electrodoméstico, donde el agua caliente se drena lentamente sobre los posos de café a través de un filtro situado en una jarra más abajo.

Café verde: Granos de café crudo sin tostar.

Caja de golpes: El recipiente en el que rompes tus posos de café espresso usados después tras haber preparado una taza.

Cajero: Persona generalmente responsable de tomar el pedido y el pago del huésped.

Calificación con estrellas Michelin: Una calificación con estrellas basada en la (s) experiencia (s) que ha (n) tenido un revisor de la Guía Michelin en tu restaurante. Estas calificaciones se publican en la famosa Guía Michelin para ciudades seleccionadas de todo el mundo. Este sistema de calificación es diferente de las reseñas/ calificaciones dadas por el público en plataformas abiertas en línea.

Cancelación: Cuando un empleado notifica a la gerencia que no podrá ir a trabajar ese día específico.

Campistas: Término irónico para describir a los clientes que se quedan en una mesa mucho después de haber terminado de comer y beber.

Canela: Especia aromática secada de la corteza interior de una canela. (Merriam-Webster, 223)

Capuchino: El capuchino es posiblemente el nombre de bebida más ampliamente interpretado que existe. Es justo decir que un capuchino es más fuerte que un café con leche (hay más café que leche) y tiene una cantidad decente de espuma, aunque en muchos establecimientos un capuchino es solo un café con leche con algunas pepitas de chocolate añadidas por encima. (The Coffee Dictionary, 24)

Cara abierta: se sirve sin una capa de cobertura (como de pan o pastelería). (Merriam-Webster, 869)

Certificación de manipulador de alimentos: una certificación requerida en algunos estados para los empleados autorizados a preparar, almacenar o servir alimentos.

Cesta: Los mangos de grupo (la parte de la máquina de café espresso que se bloquea y libera para cada toma) pueden adaptarse a una variedad de tamaños de cesta, que generalmente varían de 14 g a 22 g para dos tomas. Las cestas individuales están diseñadas para una dosis específica de café. (The Coffee Dictionary, 24)

Clasificación por estrellas: se utiliza para calificar el producto y el servicio de un negocio específico. Estos son utilizados por muchos huéspedes, ya que dan evaluaciones o buscan evaluaciones en diferentes plataformas en línea. Una calificación típica sería de 5 estrellas a 1 estrella, siendo 5 la más alta para la calidad o el grado de servicio.

Clopen: Término híbrido de las palabras inglesas Close y Open. Por lo general, se usa cuando alguien trabaja la noche anterior y cierra el local y luego tiene que abrir la tienda temprano a la mañana siguiente, por ejemplo, "El otro día me tocó hacer Clopen".

Combo: Término utilizado para referirse a un plato principal o plato principal que viene con un acompañamiento y/o una bebida.

Comercio Justo: Un movimiento cuyo objetivo es ayudar a los productores de los países en desarrollo a obtener un precio justo por los productos de nivel para reducir la pobreza, proporcionar un trato ético a los trabajadores y agricultores y promover prácticas ambientalmente sostenibles. (Merriam-Webster, 449)

Condimento: Algo que se usa para mejorar el sabor de los alimentos, por ejemplo, salsa de tomate, mostaza, aderezo de rancho, azúcar, agave. (Merriam-Webster, 259)

Cotorra: Un cliente que habla mucho. Que a veces seguirá hablando mientras intenta realizar múltiples tareas y hacer su trabajo. A veces, este término se puede aplicar a un compañero de trabajo.

Crema: la capa de espuma de color más oscuro encima de un espresso recién extraído.

Cuerpo: se puede describir como lo grande y pesado que se siente el café en la boca. El cuerpo de un café generalmente se describirá en un espectro de ligero a pesado. (Abreviado de The Coffee Dictionary, 31)

Chai: El chai es una mezcla de té de hojas sueltas, leche y especias molidas (chai masala), típicamente cardamomo, canela, clavo, jengibre, nuez moscada recién rallada y pimienta. (Food Lover's Companion, 127)

Charcutería: Un surtido de carnes; diferentes tipos de cerdo, carnes curadas. Suele presentarse con quesos y cualquier otro acompañamiento como pepinillos, aceitunas, uvas, frutos secos, etc.

Chemex: Un método manual de preparación por vertido que utiliza un recipiente de vidrio específico de una sola pieza.

Chemex Papeles: papeles de filtro especiales utilizados específicamente con el recipiente de vertido Chemex.

Chit: Un pequeño pedazo de papel con escritura o escritura a máquina.

Descafeinado: Sin cafeína. (Merriam-Webster, 321)

Demitasse: Una pequeña taza de café negro. También puede referirse a la taza utilizada para servirlo. (Merriam-Webster, 331)

Dulce: Con el el sabor agradable característico del azúcar o la miel; no es salado, agrio o amargo. (Concise Oxford English Dictionary, 1455)

Entrante: Otra palabra utilizada para aperitivo o primer plato.

Entrée: A veces se lo denomina el plato principal de una comida.

Espresso: Es esencialmente una bebida de café intensa y altamente concentrada de corta medida. Se elabora bajo presión, lo que crea una capa de espuma en la superficie de la bebida llamada crema. (The Coffee Dictionary, 79)

Expo: Abreviatura de la palabra inglesa expeditor, la persona en la cocina que se encarga de emitir los boletos de pedido, controlar el ritmo de la carrera y dar los toques finales a un plato, asegurándose de que tenga buen aspecto antes de que sea servido a los comensales.

Extracción: El principio de extracción es el concepto central de cualquier método o proceso de preparación del café. En lo fundamental, todo se reduce al empleo de agua para atrapar el sabor de unos cuantos granos de café molidos. (The Coffee Dictionary, 86)

Detrás: Una frase comúnmente utilizada para notificar a alguien los respaldas o apoyas. A menudo se usa en restaurantes para que las personas que realizan múltiples tareas puedan darse cuenta de que estás con ellas.

Doppio: "Doble" en italiano.

Dosis: Comúnmente se refiere a la cantidad de café molido utilizado para preparar una taza de café determinada, aunque también se puede aplicar a otros aspectos como la cantidad de agua utilizada. (The Coffee Dictionary, 72)

Drive-thru: En Estados Unidos, forma común de hacer pedidos en un restaurante sin bajarte del coche.

Empapado: Acción de poner las hojas de té en agua caliente. La cantidad de tiempo que un té específico se empapa tiene un enorme impacto en el sabor y los taninos extraídos de la bolsa. Un empapado más largo no significa necesariamente más o mejor sabor.

Espumación: Proceso utilizado para crear espuma de leche.

Estándar: Un curso de acción acordado para realizar una tarea de una manera específica, manteniendo un producto o servicio consistente para los huéspedes.

Fast casual: Restaurante donde la comida se prepara directamente frente a ti mientras caminas en paralelo al mostrador o te la llevan a la mesa después de haber pedido y pagado en la caja registradora.

Fiesta: Término usado para referirse al tamaño de un grupo. Una "fiesta" de seis.

Franquicia: Método de gestión de restaurantes, común en la comida rápida y la comida rápida informal, en el que un operador compra una licencia para usar una marca más grande y ofrecer sus productos.

Freidora: Utensilio hondo utilizado para freír alimentos. (Merriam-Webster, 504)

Frutos secos: Nueces, pacanas, almendras, anacardos, nueces de macadamia, avellanas...cualquier fruto seco que crezca en un árbol. (Los cacahuetes no son nueces de árbol, son legumbres que crecen en el suelo).

Fuego: el término "Fuego" se usa cuando alguien desea que una comida empiece a cocinarse.

Galleta: Un pequeño pan rápido hecho de masa que se ha enrollado y cortado o dejado caer de una cuchara. (Merriam-Webster, 126)

Gluten: Sustancia de la harina de trigo que produce una reacción alérgica en algunas personas.

Guarnición: Pequeño pedido de comida preparada que suele acompañar al plato principal.

Hielo ardiente: el proceso de derretir el hielo para que no se congele durante la noche.

Inmersión total: Método de preparación donde el café y el agua se juntan para empapar.

Inventario: La cantidad de bienes y materiales disponibles. (Merriam-Webster, 658)

Insulso: Que no irrita, estimula ni vigoriza. (Merriam-Webster, 130)

Jarabe de arce: un líquido dulce y viscoso derivado de la savia del árbol de arce que se utiliza en los alimentos para el desayuno, como panqueques, tostadas francesas y gofres.

Jarra: Recipiente desde el que se vierten líquidos como agua, zumo o leche.

Menú: Un pedazo de papel con artículos de comida y bebida a la venta listados en él. Además, se puede ver en un tablero u otra superficie para que los clientes la vean.

Mezcla: Una mezcla de diferentes tipos de granos de café que podrían provenir de diferentes orígenes.

Mitad y mitad: Mezcla de leche entera y nata espesa.

Moca: Ciudad portuaria en Yemen. También es una bebida de café muy variada que generalmente se hace con una combinación de espresso, chocolate y leche.

Molienda: el proceso utilizado para moler el café hasta una finura particular, dependiendo de la facilidad con la que desee que el agua disuelva el café.

Molinillo: Dispositivo operado para moler granos de café en un tamaño específico que se utilizará para una amplia gama de métodos de preparación.

Mostaza: Polvo amarillo picante de las semillas de cualquiera de varias mostazas comunes utilizadas como condimento. (Merriam-Webster, 819)

Muffin: Pan rápido hecho de masa que contiene huevo horneado en una sartén con moldes en forma de taza. (Merriam-Webster, 814)

No llamar/No presentarse: cuando un empleado ni cancela su turno de trabajo ni se presenta a él.

No presentarse: una frase que se usa cuando un compañero de trabajo, sin previo aviso, no se presenta a su turno programado.

Ofertas de temporada: artículos en un menú que son de temporada según la época del año, los productos alimenticios disponibles o las promociones navideñas.

Orden-fuego: Cuando la cocina comienza a cocinar un pedido entrante tan pronto como se ordena.

Origen único: Un café de un solo país es técnicamente de un solo origen, en la medida en que el café es de un solo país. Sin embargo, el café podría ser una mezcla de muchos cafés diversos, procedentes de numerosas fincas. Una serie de tostadores especializados ahora tienen casi exclusivamente ofertas de origen único, y el término en este contexto tiene cada vez más la intención de denotar un café de una variedad específica de planta de café, de una finca específica. (The Coffee Dictionary, 166)

OSHA: En Estados Unidos, la Administración de Seguridad y Salud Ocupacional, que garantiza condiciones de trabajo seguras y saludables para los trabajadores al establecer y hacer cumplir las normas y al proporcionar capacitación, educación y asistencia. (US Department of LaborBureau of Labor Statistics, Washington DC, 20212)

Pan: Un pan pequeño dulce o liso. (Merriam-Webster, 164)

Panini: A menudo se refiere a un sándwich a la parrilla o tostado.

Pan rápido: Un pan dulce o salado que se hace sin levadura.

Placa calefactora: Aparato portátil simple para calentar o cocinar en espacios limitados. (Merriam-Webster, 602)

Plato exclusivo: un plato o platos especiales por los que se conoce a un restaurante específico.

Política: Directrices específicas o curso de acción que una empresa utiliza para implementar sus reglas.

Portafiltro: el mango desmontable de la máquina de café espresso que sostiene la cesta con posos de café y se utiliza para el proceso de preparación.

POS (Puntos de Venta): Por lo general se refiere al sistema utilizado en el restaurante para ingresar pedidos y procesar pagos.

Prensa francesa: Método clásico de hacer café, generalmente en un recipiente de vidrio. El café y el agua se mezclan y se dejan en remojo. A continuación, se utiliza un filtro de malla para empujar los posos de café hasta el fondo del recipiente, dejando el café filtrado listo para verterse.

Primera ola: La "primera ola" fue la comercialización del café, definida principalmente por el café instantáneo para el mercado masivo.

Procedimiento: Los estándares y procesos esperados para realizar las tareas establecidas.

Punto caliente: Lugar donde el cliente tiene la capacidad de conectarse de forma inalámbrica a Internet.

QSR: Restaurante de servicio rápido, también conocido como fast casual.

Realización: Expresión que a veces designa la acción de recoger comida para llevar.

Recuento del menú: La cantidad de artículos que quedan por vender de un artículo específico en el menú. Este recuento generalmente se mantiene en el sistema de Punto de Venta, pero también se puede encontrar en tableros visibles para los empleados, que se actualizan durante todo el turno.

Rendimiento: Utilizamos rendimiento para referirnos a la taza de café resultante. Una receta típica de cerveza contendrá dos pesos: la dosis y el rendimiento. El rendimiento se refiere al peso de la bebida

Scone: Tipo de pan rápido que puede ser salado o dulce.

Segunda ola: La "segunda ola" fue el surgimiento de las cafeterías hoy tan omnipresentes como las de la cadena Starbucks. Este fenómeno ocurrió en la década de 1960 en los Estados Unidos y representó la adopción de la cultura italiana de bebidas a base de café espresso, impulsora de estos negocios. (The Coffee Dictionary, 218)

Sensación en la boca: utilizada tanto por catadores profesionales como por amantes de la comida, el término sensación en la boca describe exactamente eso: cómo se siente un alimento (como el queso) o una bebida (vino o cerveza) en la boca. Dependiendo de lo que se esté probando, los descriptores pueden incluir todo, desde "con cuerpo" hasta "ligero" y "denso". Las permutaciones son infinitas. (Food Lover's Companion, 445)

Sin grasas: un producto que no contiene grasa.

Smoothie: Bebida hecha mezclando fruta con yogur, leche o helado hasta que esté espesa y suave. (Food Lover's Companion, 636)

Sobre la marcha: un término que solía significar "en este momento" o "lo antes posible".

Sub: Abreviatura de sustitución de un artículo por otro artículo. A menudo se usa si el preparador no tiene un artículo y lo sustituye por algo similar. A menudo es utilizado por un cliente para preguntar si un plato se puede hacer con un ingrediente diferente.

Tablas giratorias: una frase utilizada en referencia a que un grupo deje una mesa después de una comida y otro grupo se siente en la misma mesa para comenzar su comida.

Tarjeta P: Una tarjeta de crédito que se utiliza para comprar bienes para la organización o empresa.

Té de hierbas: También conocido como tisana. Una bebida similar al té hecha remojando varias hierbas, flores, especias, etc. con agua hirviendo, Estas cervezas se han utilizado durante mucho tiempo por sus cualidades calmantes y rejuvenecedoras. Algunas de las hierbas más utilizadas para las mezclas de tisana son el bálsamo, la manzanilla, el hisopo, la menta y el tanaceto. (Food Lover's Companion, 697)

Tercera ola: La "tercera ola" se refiere a la mayor apreciación culinaria del café y todo lo que esto conlleva: un enfoque en las sutilezas del sabor, la procedencia y el proceso. (The Coffee Dictionary, 218)

Thousand Island: Aderezo que puede incluir una mezcla de mayonesa, salsa de chile, ketchup, condimento, vinagre y otros ingredientes

Trabajo adicional: Tareas del restaurante que deberá realizar antes de ayudar a preparar el restaurante para el servicio. Esto se puede hacer antes, durante o después del servicio. Pueden incluir: llenado de condimentos, reposición de contenedores de condimentos, pulido y laminado de rollos de plata o plástico, reposición de artículos, equilibrado de las mesas, quema de hielo y más.

Turno dividido: un turno de horas de trabajo dividido en dos o más períodos de trabajo (como mañana y tarde) separados por períodos de tiempo libre más de lo normal (como para el almuerzo o el descanso). (Merriam-Webster, 1205)

Variedad: Se refiere a las subespecies de las dos especies principales de café de cultivo.

Vegano: Persona que no come ningún alimento de origen animal ni tampoco consume productos lácteos. A veces, una persona puede preguntar: "¿Qué opciones veganas tienes en el menú?" Es una de las razones por las que resulta crucial conocer muy bien los ingredientes de los platos. (Los veganos estrictos pueden evitar productos que incluyan miel, huevos, queso, mantequilla o mayonesa)

Vegetariano: una dieta que evita las carnes y se centra principalmente en verduras, frutas, granos y nueces. Esta dieta también puede incluir algunos productos lácteos o de huevo.

Vaporización: Añadir aire en forma de vapor a la leche u otras bebidas para transformarlo en espuma.

Varita de vapor: Varita de metal que cuelga de la máquina de expreso que se utiliza para vaporizar leche o una bebida alternativa.

Vertido: Método de preparación en el que se vierte agua caliente sobre el café molido a través de un filtro, extrayendo el sabor a través de la saturación de los posos, lo que resulta en una taza de café.

Vida útil: el período de tiempo durante el cual un material puede almacenarse y seguir siendo adecuado para su uso. (Merriam-Webster, 1147)

ÍNDICE

abuso, 179-181

acoso sexual, 179-183

progreso, 90, 177

adiós, 135-137

al acoso, 170-183

alergias, 9, 17, 43, 70

Anani, Omar, 165-169

autenticidad, 80, 140

aviso con dos semanas de antelación, 172

Babinski, Charles, 153-156

barberos y barberias, 35-36

barista, 41, 155, 188

Baristatude, 78

Blaze Pizza, 18, 212-124

Burger King, 15

café, 77-82, 129-133, 153-156, 189-195

cafetería, 15, 26, 32, 58, 77, 129, 135, 153, 189

Caffe Luxxe, 189-195

cajero, 6, 15-19, 29-30, 58, 113, 135, 177, 186, 188

Castaneda, Maggie, 185-188

casual rápido, 7, 15-17, 25, 62, 107

Chau, Gary, 189-195

Chipotle, 16, 18, 202

cliente, 2-3, 7-10, 17, 26-27, 30-32, 34, 41, 46, 48, 51-52, 57, 59-61, 63, 65-67, 71-72, 80, 84-85, 88-89, 93-95, 99-101, 104-105, 108, 110-114, 117-118, 120, 122-127, 131-132, 139, 141, 146-148, 150, 154-155, 157, 161, 167, 169, 175-176, 179, 181-182, 185, 187, 197, 202, 206

código de vestimenta, 23, 36-37

comida rápida, 7, 15, 17, 26, 66-67, 139

comportamiento tóxico, 179-183

comunicación no verbal, 83-86, 104

comunidad, 24, 156

confianza, 1, 59, 155

consistencia, 67, 131

contratación, 98, 107, 153, 199-207

cortesía, 172

Crosby, Thom, 139-143

currículum vitae, 199, 202

de decir un sí, 80-81, 88

descansos, 34-35

dinner-party vibes, 81

Doordash, 117

entrega de terceros, 117

entrevista, 10, 98, 129, 146, 165-166, 175, 199-206

experiencia escolar, 130

feedback, 91-95, 149, 176, 210

food truck, 111-115

Foodshed para llevar, 107-110

formación, 41, 44, 52-53, 55, 57, 100, 107, 313-132, 142-143, 177

funciones de supervisión, 10, 101-102, 149-152, 194-195

Galvan, Jo, 97-102

gerente, 7, 10, 27, 34, 42, 55, 67, 69-70, 93-95, 100-102, 130, 149-151, 155, 171-173, 179-182, 297, 200-202

gestión, 101-102

gestión del tiempo, 5, 34-35

Go Get Em Tiger, 79-82, 153-156

Grubhub, 117

dale la vuelta, 146, 88

Tender Greens, 87-90

hora de rebotar, 171-174

huéspedes de alto mantenimiento, 88

ingredientes, 6, 18-19, 45, 121, 206

Intelligentsia, 77-82

Jack in the Box, 15

Joy (restaurante), 161-164

Karaff, Melissa, 129-133

Kent, Brad, 121-124

Ku, Vivian, 161-164

la gran conexión, 63

Lao, Jaymie, 77-82

leer la sala, 4, 77-78, 109

leyendo personas, 4, 81, 83-86, 109, 175-176

liderazgo, 139, 151, 175, 177, 182

limpieza, 35-37, 48-49, 132-133, 153, 203

llamando, llamando enfermo, 32-34

llevar comida a la mesa, 45-46 , 88, 146, 177

mandar órdenes, 69-71

mcDonald's, 97-102

mcHire, 98

motivación, 55, 103-105, 160

multitarea, 5, 48, 104, 158

nombres, 60-62, 122, 200-201

Oberholtzer, Erik, 87-90

Panera, 16

pedidos informáticos, 41, 89

pedidos para llevar, 117-120

pedidos por teléfono, 109-110, 118-119, 200-201

Peet's Coffee, 15

Pine and Crane, 161-164

Pramuk, Sean, 107-110

Prince, Kim, 111-115

proceso de inicio, 39-41, 100

propinas, 30, 41, 135

QSR, 16

Ramsey, Gordon, 15

registro, 44, 104, 177, 203

responder vs. reaccionar, 125-127

restablecer, 125-127

Rodriguez, Denise, 145-148

Rudy's BBQ, 175-177

Saffrom de Twah, 165-169

salto de trabajo, 171-174

saludo, 17, 57, 100, 122, 186

Schiller, Ken, 175-177

seguridad, 179-183

seguridad alimentaria, 40, 100

ser golpeado, 34-35, 71, 126, 132

servicio desde el auto, 15, 42-43, 99-100, 168-169, 114

Starbucks, 129-133

tiempo, 32-34

Über Eats, 119

venta, 41-42, 58-59, 107-102

Sobre el autor

Joshua Farrell ha trabajado en la industria de la hospitalidad durante más de 30 años. Comenzó como un adolescente lavando platos en una pizzería, trabajó en empleos de servicio de mostrador de alimentos y bebidas, y muchos años más tarde fue semifinalista nacional para un Premio James Beard por Servicio Sobresaliente con su equipo en un restaurante con estrellas Michelin. Ha trabajado como consultor en liderazgo, desarrollo y capacitación con una variedad de empresas enfocadas en la hospitalidad, desde pequeñas franquicias hasta corporaciones multimillonarias. Vive en Los Angeles con su esposa, Kirsten, y sus dos gatos, Easy y Mouse.

Agradecimientos

Esta industria se basa en nuestra capacidad para compartir nuestras habilidades, enseñarnos unos a otros y aprender unos de otros. Es uno de los aspectos de nuestra industria de los que estoy más orgulloso. He trabajado con algunos equipos increíbles detrás de mostradores y en restaurantes y hoteles.

Doy las gracias a Liz Bagby, mi editora. Fue un placer trabajar contigo. Gracias por desafiarme a seguir haciéndolo con fantásticos consejos y preguntas excelentes a lo largo del proceso de edición.

Gracias, Christo Downs, por tu increíble diseño de portada... y por las recomendaciones musicales.

Gracias a las muchas personas que han sido increíblemente alentadoras y útiles en el proceso de escribir este libro: Andrew Benator, Hutch Farrell, Marta Lindsey, Davis Campbell, Elizabeth Keliiholokai, Matt Lawler, Jerry Agee, Robert Hartstein, Ken Concepción, Tim McCracken, Lesley Suter, Ash Roeca, Nick Gallo y Giovanni Guerrera.

Gracias a las personas apasionadas que compartieron sus pensamientos conmigo (y contigo) en este libro. Gracias por tomarse el tiempo para hablar conmigo y compartir sus pensamientos sobre el servicio, la vida y la búsqueda de la excelencia. Estos debates siempre me empujan a intentar hacerlo todo mejor y ser mejor yo también.

Y a la persona más importante de todas, Kirsten. Gracias por tu apoyo y aliento durante todo este proceso y por ser una gran persona con la que navegar por el río que nos lleva. Te quiero.

www.ingramcontent.com/pod-product-compliance
Lightning Source LLC
Chambersburg PA
CBHW020419010526
44118CB00010B/328